Werner Wagner

Gottesglaube

Bibliografische Information der Deutschen
Nationalbibliothek:
Die Deutsche Nationalbibliothek verzeichnet diese
Publikation
in der Deutschen Nationalbibliografie; detaillierte
bibliografische Daten sind im Internet über
http://dnb.dnb.de abrufbar.

© 2020 Werner Wagner
Herstellung und Verlag:
BoD – Books on Demand, Norderstedt

ISBN: 9783750441460

Inhaltsverzeichnis

Vorbemerkungen...6

Einleitung...7

Die Transzendenz..8

Die Religion als Brauchtum...............................11

Das Erbe als Lebensnorm..................................14

Gott der Herr der Geschichte.............................17

Die frühchristliche Epoche und der Einfluss der griechischen Philosophie...................................22

Das Mittelalter als Synthese von griechischer Philosophie und tradiertem Bibelverständnis......................30

Die Mystik als Gotteserfahrung...........................38

Der die Neuzeit einleitende Übergang.....................41

Die Vorgeschichte der Neuzeit............................44

Die Neuzeit und das Gottes-Denken........................50

Die Aufklärung...59

Die Wende im Denken - Kant und der Idealismus............65

Die Moderne..79

Das 19. Jahrhundert und seine Folgen.....................97

Vorblick und Rückblick...................................98

Der Gott der Zukunft....................................101

Nachwort..106

Über den Autor..109

Vorbemerkungen

Es dürfte wohl unbestritten sein, heutzutage der Philosophie als eigentliche Aufgabe zuzuerkennen, eine Zeit in ihren Grundzügen zu untersuchen, um die Ergebnisse zu erklären. Dabei hat sie keine Überzeugungsarbeit zu leisten, sondern analytisch Fakten und Zusammenhänge, die zur Kenntnis zu nehmen sind, zu deuten. Eine solche Deutung muss aber bei aller sich zunächst einstellenden Zustimmung offen sein für Gegeneinsichten, d.h. für den Dialog. Dabei ist nicht die Autorität - mag sie auch noch so viel persönliche Anerkennung besitzen - ausschlaggebend, sondern das Argument, das als Basis die Vernunft hat. Ein neutraler Boden ist hier gefragt, wo weder die Überzeugung noch die Annahme einfach gelten. Auf diesem Boden wird philosophiert. Worüber nachgedacht wird, hat die Philosophie nicht erfunden. Das ist das Ergebnis einer geschichtlichen Entwicklung, die Fragen stellt.

Unser heutiges Denken ist fast gänzlich von den Naturwissenschaften bestimmt. Diese haben aufgrund des früheren Umgangs mit dem, was heute ihr Objekt ist, nichts mehr zu tun. Wissenschaft ist und muss zeitgemäß sein. Von hier ist auch unsere Sichtweise auf die Weltwirklichkeit geprägt. Wer anders denkt, denkt nicht heute, auch nicht naturwissenschaftlich. Aber trotz aller grandiosen Erkenntnisse zum Beispiel in der Astrophysik gibt es noch alternative Wissensgebiete, die in der Lebensdeutung im Allgemeinen und Besonderen eine entscheidende Rolle spielen. Es sind die Geisteswissenschaften.

Die Geisteswissenschaften, die die kulturellen Erscheinungen in Geschichte, Literatur, Kunst, Religion und Philosophie zum Gegenstand haben, verfügen nicht über die mathematische Exaktheit der Naturwissenschaft und sind in weit verbreiteter Meinung zweitrangig. Aber vielleicht haben die Geisteswissenschaften das eigentlich Interessante zum Gegenstand, auch wenn ihre Einsichten wegen mangelnder Genauigkeit umstritten sind; sie haben doch unser Leben als solches, das Existenzielle, seine Bedeutsamkeit (wofür lebe ich eigentlich?) zum Gegenstand. Allerdings scheint die naturwissenschaftliche Einstellung zur Lebenswirklichkeit auch auf das philosophische Bemühen abgefärbt zu haben. Frühere Denker und ihre philosophischen Interpretationen werden leicht als veraltet, d.h. der geschichtlichen Vergangenheit zugehörig, angesehen. Ihr Denken ist Geschichte, wobei dieses Wort eine negative Bewertung beinhaltet. Zwar leben wir heute in einer wissenschaftlich aufgeklärten, technisierten Welt. Aber die Antwort auf die Frage, ob das, was Wissenschaft und Technik an Lebenshilfe für unsere Bedürfnisse und Einsichten an Sinngehalt bieten, alles ist, muss gründlich überlegt werden. Oder anders formuliert, wofür es sich zu leben lohnt, ist eine Frage, die sich jenseits von sogenannt moderner Wissenschaft, nämlich im weiteren Sinne im Humanen, letztendlich im Weltanschaulichen, stellt.

Einleitung

Was die Religion als solche, d.h. in ihrer Struktur wie Geschichte, seit unvordenklichen Zeiten bis heute prägt, sind nach meinen Überlegungen drei Faktoren (bestimmende Elemente):
- Die Transzendenz (das Hintergründige oder Überweltliche, Gott)
- Das Brauchtum (Riten, Zeremonien, sakramentale Handlungen)
- Das Erbe als Lebensnorm (Moral oder Ethik, lebensgestaltende Verhaltensvorschriften und Lebensausrichtungen).

Diese Faktoren sind nicht dieselben wie die kulturbildenden Gott, Mensch, Welt. Da beide Gruppen von Faktoren sich aber bisweilen überschneiden, sollen sie zum Verständnis von Religion und ihrer Institutionalisierung in Bräuchen und Gemeinschaften zum Teil auch miteinander bedacht werden.

Die Transzendenz

Wenn geglaubt und gesagt wird, Gott ist, dann gilt das, wenn auch nur irgendwie, d.h. in abgewandelter oder verfremdeter Weise, für alle Zeiten, auch für den sogenannten Anfang der Menschheit. Die Frage ist dann, wie man sich das klarmachen soll. Nicht ganz unvorstellbar ist, dass in der Vorgeschichte alles Werden aus einem das Vordergründige überschreitenden und verursachenden Hintergrund entsteht. Diese hinter aller im Leben bestimmenden Allmacht, diese hinter allen Erscheinungen verborgene immanente (innerweltliche) Transzendenz war übermächtig und wurde erfahren als Ursprung dessen, was man später als göttlich begriffen hat. Wieder später nannte man das Schöpfung und ihren Verursacher Gott.

Bis es zu dieser Glaubenssicht auf Gott hin kam, mussten viele Jahrtausende mit erheblichen kulturellen Veränderungen vergehen. Aber die bedeutendste Tatsache am Ende der Jäger- und Sammlerzeit dürfte doch wohl die sein, die das anzunehmende Gottesbild entscheidend verändert hat, insofern aus der immanent-hintergründigen Lebensmacht eine transzendente wurde. Vergegenwärtigen wir uns: Die Scholle bearbeiten und in ihr gleichzeitig eine immanent-transzendente Wirkmacht sehen, ist widersprüchlich. Fauna und Flora im immanenten Werdeprozess werden, da der Mensch in deren Geschehen immer mehr eingriff, nach und nach losgelöst von der Immanenz. Sie werden in großen Zeiträumen immer mehr transzendent, und am Ende erscheinen Himmel und Erde wie zwei verschiedene „Welten".

Nochmals sei betont: Der Prozess muss als über sehr große

Zeiträume verlaufend angenommen werden. Er war aber die erste grundlegende vom Menschen eingeleitete Kulturveränderung. Aus der Spätzeit geurteilt haben wir es religionsgeschichtlich gesehen zu tun mit dem Übergang von der Immanenz zur Transzendenz (vom Innerweltlichen zum Überweltlichen). Alle weiteren Neuerungen des agrarischen Zeitalters sind zwar bedeutsam, sehr bedeutsam, denken wir an die Entstehung der Hochreligionen und der Philosophie, aber nicht so grundlegend wie die von der Jäger-und Sammler-Epoche zur agrarischen, da die Lebensfundamente und im Prinzip das Weltbild sich änderten. Die zweite fundamentale Umwandlung begründet durch Wissenschaft und Technik die Neuzeit.

Für die Zeit, da der Schöpfungsglaube entstand, schon einen sog. Urmonotheismus anzunehmen, ist wenig einsichtig. Es waren verschiedene Kräfte und nicht nur eine, mit denen es der Mensch zu tun hatte. Darum ist es einleuchtender anzunehmen, dass erst im Laufe der Zeit die verschiedenen Kräfte und nicht nur eine personalisiert, sprich zu Gottheiten erklärt wurden. Wichtig ist zu erkennen, dass schon in unvordenklichen Zeiten das transzendent Hintergründige und dann das transzendent Übernatürliche beginnen eine entscheidende Rolle zu spielen. Das war freilich nur möglich in einem zeitlich weit ausgedehnten Entwicklungsprozess. So zeigt es sich uns heute.

Halten wir fest: Wie die Gesamtnatur (Flora und Fauna), einschließlich Kosmos und Mensch sich über unvorstellbare Zeiträume entwickelt haben, so auch die Kulturen einschließlich der religiösen Weltsichten mit ihren Diesseits- und Jenseitsvorstellungen. Diese Kulturen haben sich verschieden entwickelt. Das zur Kenntnis zu nehmen, dürfte uns nicht schwer fallen. Reden wir von Gott, so meinen wir fast immer nur unsere, die von uns entwickelte Vorstellung von Gott; das soll man immer berücksichtigen. Die Verschiedenheit der Interpretationen gilt absolut für alle Lebensbereiche; man darf sagen, außer der Mathematik.

Was das Weltverständnis der sogenannten Urmenschen angeht, so zeigt sich, dass der Mensch schon immer nicht einfach nur gelebt, sondern erlebt hat, d.h. dass die existenzielle Lebensgestaltung schon immer eine Rolle spielte; und dieses Existenzielle war, da nichts für den Menschen selbstverständlich ist, von irgendwie geartetem Transzendentem bestimmt. Das Mehr der sicht- und habhaftbaren Natur führte im „Alltag" zur praktischen wie magischen Lebensgestaltung und fordert zur gedanklichen Lebensbewältigung heraus.

Die Sichtweise der Urzeit wie auch die des agrarischen Zeitalters, die im Prinzip die Weltsicht bis zum Beginn der Neuzeit prägten, wird abgelöst durch die wissenschaftlich-technische Weltbeherrschung der Neuzeit. Die kulturellen Lebenswelten wie auch die praktischen Gegebenheiten des Lebens ändern sich. Wir leben alle von Wissenschaft und Technik, aber die Fragen des Lebens begleiten dennoch die Geschichte, wenn auch in jeweils anderer Form.

Was für unsere Frage nach dem grundlegend Bleibenden wichtig ist, gleichgültig in welcher Art, sind Fragen, abstrakt gesagt, nach der Bedeutung unserer ganzen Lebenswelt: Was soll das Ganze eigentlich? Warum leben wir? Was soll man denken, wenn man sich den Kosmos mit seinen unendlichen Weiten vergegenwärtigt? Dass das Ganze, der unendliche Kosmos, von der göttlichen Transzendenz bestimmt ist, ist vielleicht eher denkbar als das Gegenteil; anders ist nicht erklärbar, wie diese Zuversicht in die Ursache oder den Hintergrund das Leben der Jahrtausende ermöglichte.

Der Gottesglaube vermag Antworten auf Fragen des Menschseins zu geben, vor denen die Naturwissenschaften,

11

verständlicherweise, verstummen. Das spricht in keiner Weise gegen sie, denn Existenz- oder Sinnfragen gehören nicht zu ihrem Geschäft, auch wenn manche dieser Zunft das meinen, da sie eine sehr große Lebenshilfe auf allen möglichen Lebensgebieten liefern, denken wir nur an die Medizin.

Die Frage nach Gott und die Verschiedenheit der Antworten begleiten unsere Geschichte sowohl beim sog. einfachen Volk wie auch bei den verschiedenen Denkern. Das gilt es zu bedenken.

Die Religion als Brauchtum

Alle Religionen werden zunächst sichtbar im Brauchtum, so dass man, falls man nicht weiter nachdenkt, den Eindruck gewinnen kann, sie sind weiter nichts als irgendwelche Gewohnheiten; von manchen wird eine Religion auch so gelebt, was sicher oberflächlich ist: Die Religionen haben zwar verschiedene Transzendenzbezüge sowie Fragen und Antworten des Lebensverständnisses, und diese finden einen Ausdruck im Brauchtum, das kirchlich als Ritus bezeichnet wird; solches Tun ist aber nicht zweckdienlich wie alles, was man tut um eines Ergebnisses willen; es hat nur eine Bedeutung, die man auch Sinn nennen kann. Solches Tun ist also nicht zweckdienlich. Das ist so, weil auch der Glaube nicht zweckdienlich ist. Er stärkt unser Bewusstsein, weil er seelische Kraft verleiht. Er ist mit der Kunst vergleichbar, die aus einem Denken kommt und am Ende zu einem Denken oder Bewusstsein führt. Man kann das auch Erleben nennen.

Unser Brauchtum wird gewöhnlich nicht erst in der Gegenwart erfunden. Es ist tradiert, also Erbe. Wenn ein Erbe nicht mehr in die Gegenwart passt, entsteht ein Problem, wie wenn ein alter Schrank oder eine Standuhr, die man geerbt hat, in eine moderne Wohnung gestellt werden soll und dort wie ein Fremdkörper wirkt. Beispiele dieser Art lassen sich vermehren. Mit innerem Erleben hat dieses Brauchtum nichts mehr zu tun. Es wird zu hohlem Getue.

Schaut man zurück in die Entstehungsgeschichte der Bräuche, so zeigt sich, die Religion ist nicht etwas neben dem Leben, das wie eine nicht notwendige Ergänzung hinzukommt. Sie ist nicht Nachtisch, wenn alle schon satt sind. Sie ist das, was das alltägliche Leben durchdringt und den Besonderheiten im Leben Charakter verleiht. Letztendlich ist der religiöse Brauch dann etwas, was das Leben irgendwie umschließt und dem Ganzen Sinn gibt.

Das fing an mit den magischen Bräuchen der Urzeit, in der diese überlebenswichtig waren, und ging weiter mit dem Brauchtum, das die Menschen aller Religionen aller Jahrtausende vom Morgen bis zum Abend begleitet und eine emotional-seelische Geborgenheit gewährt hat.
Bräuche spielen vor allem bei Übergängen im Leben eine Rolle. Geburt, Eintritt ins Erwachsenenalter, Zweisamkeitsbeginn, Altersbeginn, das Ende des Lebens; es sind markante Einschnitte, die jeweils erlebt werden und es, wenn auch nicht klar bewusst, mit dem Leben zu tun haben. Auch Jahreszeiten sind hier zu bedenken. Es sind Zeiten, in denen Emotionen, die Erlebnisweisen sind, etwas vom Ganzen des Lebens offenbaren. Zu denken ist hier an Heiligabend, auch an dessen gut besuchten Gottesdienste, die nach meinem Eindruck die Zeit und Vergänglichkeit des Lebens, wenn auch nicht klar bewusst, irgendwie zum Erlebnis werden lassen. Wenn das Ganze des Lebens, wenn auch nur irgendwie, erfahren wird, dann tut sich das Mehr des Lebens, die Transzendenz, auf. Ich bin versucht an so etwas wie Offenbarung zu denken. Erlebnisse sind nicht immer so bewusst, dass sie in Worte zu fassen und beschreibbar sind. Irgendwie gehören sie ja schließlich zum

Geheimnis einer Person.

Die Zeiten von Ostern und Pfingsten, die Totensonntage wie die Jahreswende waren im Laufe der Geschichte Zeiten, die in verschiedener Weise gefeiert wurden; ein Bezug zu Gott war das sie Auszeichnende. Ohne diesen Bezug ist von Leerlauf zu sprechen. Manches gewohnte Brauchtum verliert seine Bedeutung, so gewisse Umzüge; anderes wird neu verstanden und gestaltet. Die Vesperkirche und das Pilgern nach Santiago de Compostella sind vielleicht entsprechende Beispiele.

Brauchtum ist in der Religion ähnlich wichtig wie das Wort; beide unterliegen aber dem Wechsel der Geschichte, was es heute besonders zu bedenken gilt. Wie wichtig Brauchtum ist, vermag uns vielleicht die Wiedergeburt der Jugendweihe der vergangenen DDR vor Augen zu führen. Gewiss fehlt da ein tieferer Sinn. Brauchtumsgestaltung als Glaubensausdruck im weitesten Sinn muss als Problem vielleicht erst noch erkannt werden. Das Wiederaufleben der Jugendweihe der vergangenen DDR soll ein Anlass sein über Bräuche i.a. nachzudenken.

Da sich Lebensgewohnheiten jeglicher Art in dem, was man tut, ändern, sollen sich auch die lebensdeutenden Bräuche dem Lebensgefühl der Menschen anpassen. Das hilft, das Leben lebenswert zu sehen.

Religion ist ein Teil der Kultur, ich sage, das Zentrum; und vom Zentrum aus wird das Leben erlebt. Deshalb folgere ich, die Religion ist das Herz. Dabei ist Gott, auch wenn man mit ihm hadert, immer der Hintergrund, auf dem sich menschliches Leben abspielt.

Die Reformation hat als Brauchtum das Kirchenlied erfunden. Das Kirchenlied, das vom ganzen Volk gesungen wird, steht im Gegensatz zum Chorgesang der Mönche und Kleriker. Was in dieser Linie weiterhin bedeutsam ist und als beachtenswert gelten kann, ist die Weiterentwicklung der Orgel im 17. und 18. Jahrhundert. Jetzt wurden größere

Orgelwerke und Oratorien ermöglicht. Das herausragende Beispiel ist Bach, der ganz in der von Luther eingeleiteten Tradition stand. Heute sind Kirchenkonzerte das, was die sonst so leeren Kirchen füllt. Eine Erfahrung, die zum Nachdenken mahnt und vielleicht zu gewissen Neugestaltungen im Kirchengeschehen führen kann. Eine neue Art religiöser Besinnlichkeit, die eher Gott nahe als fern ist.

Das Erbe als Lebensnorm

Alle Religionen haben einen Mittelpunkt, der sie voneinander unterscheidet, sie aber auch verbindet, sonst wären sie keine Religionen. Was sie verbindet ist zunächst die nicht zu übersehende Tatsache, dass sie alle in der Antike entstanden sind, was einfach als Tatsache so hingenommen, aber anscheinend wenig bedacht wird, und was in der Interpretation eine entscheidende Rolle spielt und somit berücksichtigt werden muss. Für die monotheistischen Religionen ist Gott die überweltliche Schaffens- und Lebenskraft, die im Auf und Ab des Lebens Sicherheit und Geborgenheit verleiht. Das soll und will auch jede Glaubensgemeinschaft durch ein breites Spektrum an Solidaritätsbekundungen schaffen. Dabei gilt zunächst: Jeder Glaube wie jede Überzeugung sucht oder gründet Gemeinschaft.

Dass die Religionen in Geschichte und Gegenwart Ursache von viel Elend und Leid, Kriegen und Zerstörung, lebensvernichtendem Glaubensgehorsam und Zwang etc. waren, ist hinlänglich bekannt. Die notwendige Breite der Schilderung wäre ein Einrennen von offenen Türen.

Der Gottesglaube war vom Altertum bis zur Moderne, selbst im gewiss nicht gläubigen Dritten Reich, da auf jedem Koppelschloss stand „Gott mit uns", mit Gewalt verbunden. Statt weiter auf all das Beschämende einzugehen, möchte ich das für heute Notwendige, zu dem die Religionen, und

15

gerade sie, einen entscheidenden Beitrag leisten können, erläutern.

Die Religionen sollen sich fragen, was sie aus ihrer Tradition zur Lösung nationaler wie internationaler und globaler Aufgaben leisten können. Eine solche Rückbesinnung ist ein Schritt in die Zukunft. Nicht das hinreichend bekannte eigene Glaubensbewusstsein und Zeugnis ist gefragt, sondern ein Beitrag zur Lösung drängender Probleme, da es um Leben und Tod ganzer Bevölkerungen oder Gruppen geht. Man muss nur nachdenken, dann ist das nicht übertrieben. Es geht um unsere Fragen wie auch um die anderer Völker oder Menschen; wozu und wie sollen wir eigentlich leben, oder etwas salopp gesagt, was soll denn der ganze Schlamassel, den ich aushalten soll? worauf kommt es an und worauf kann ich mich verlassen, kann es denn nicht endlich einmal friedlicher zugehen? Es sind Fragen, die die Menschen zum Teil, wenn auch in anderer Form, schon immer gestellt haben. Es sind keine wissenschaftlichen, es sind existenzielle Fragen. Sie stecken in den biblischen Erzählungen des AT, sie sind Gegenstand philosophischer Überlegungen der Griechen, sie begegnen uns bei Jesus. Sag, Meister, worauf kommt es im Leben an, so fragten im heutigen Deutsch damalige Religionsvertreter Jesus (Lk10,25 ff.). Die Antwort war: Es geht um Gott und in gleicher Weise um den Menschen. Anders gesagt: Es geht um ein Glaubensbewusstsein, das absolut vom Frieden beherrscht ist und deshalb um Mitmenschlichkeit bis zur Entfeindung der Welt, wie es die Bergpredigt (Mt.5) konkretisiert.

Die Vertreter der Religionen behaupten immer wieder, ihre Religion sei nichts anderes als friedlich. Aber Rechthaberei, im Besitz der allein gültigen Wahrheit zu sein, auch die Wahrheit nur zu verteidigen, am Ende sogar Ausschluss aus der Gemeinschaft, zumindest Trennung, all das hat mit Frieden nichts zu tun. Selbstverteidigung, wenn doch die andern an der Auseinandersetzung schuld sind, ist scheinheiliges Gerede. So zentriert sich der Glaube auf sich selbst und legt den Grundstein zur Gegnerschaft. Beispiele aus der Bibel wie auch der Kirchengeschichte sind – harmlos gesagt – gewiss zeitbedingt; sie sind dennoch „auszuschwitzen". Dieses ausschließende Wahrheitsdenken in der Religion kann, selbst wenn Glaubensüberzeugungen kaum noch eine Rolle spielen, in der sozialen Einstellung dazu führen, im Schema „Wir und die Andern" zu denken. Ein so geartetes religiöses Wahrheitsdenken geht wie auch andere Überzeugungen ins Gemüt und bestimmt eine sozial gegensätzliche Lebenshaltung.

Wie vieles im Leben, so ist auch in der Religion nicht alles gleich wichtig. Deshalb sollen gerade die monotheistischen Religionen, um die es in unserer Erörterung geht, das für heute Wichtige zur Geltung bringen. Was lebens- und friedensfern ist, muss als solches offen zugegeben werden. Es dennoch als bedeutsam oder gar als Wille Gottes zu verkaufen, ist lächerlich.

Als Maßstab für heutiges Religionsverständnis, das Ethik im weiten Sinn beinhaltet und als ein wirkliches Erbe für die ganze Menschheit gelten darf, ist, was Paulus in 1 Kor. 13 ff. für die persönliche Lebensgestaltung empfiehlt: Glaube, Hoffnung, Liebe. In heutiger Sprache darf man vielleicht sagen: Daseinsdeutung, um das Leben zu verstehen, Zuversicht, um das Leben zu meistern, Mitmenschlichkeit, um dem Leben eine humane Form zu geben. Diese paulinische Trilogie betrifft uns als Individuen. Für Religionsgesellschaften nennt C.Fr: von Weizsäcker: Gerechtigkeit, Friede, Bewahrung der Schöpfung. Ich verstehe sie als Gemeinschaftsaufgaben.

Was Paulus empfiehlt und ebenso Weizsäcker, ist biblisches Erbe, womit sich aber alle Religionen, wenn sie offen und ehrlich sind, identifizieren können, denn es betrifft als herausfordernde Aufgabe die Anliegen wie Nöte der Gegenwart. Diese Ziele in den gesellschaftlichen Dialog personal, national wie international einzubringen, macht die Tradition der Religion lebendig und trägt dazu bei, alle in eine heilsame Unruhe wie auch in eine sinnvolle Tätigkeit zu versetzen. Da im Brauchtum der Religion wie im Erbe Ethik der Gottesglaube zentrale Bedeutung hat, ist der Gottesbezug, wenn auch nicht immer wörtlich genannt, doch zentral. Das beweist das folgende Kapitel.

Gott der Herr der Geschichte

Die drei bestimmenden Faktoren Gott, Brauchtum und Lebensnorm begegnen uns in verschiedenen Weisen biblischer Erzählungen. Zunächst ist zu nennen das zweite Buch Mose Kp. 20 bis 23. Es geht um Gott, Brauchtum und ethische Normen. Jahwe ist der Israel nahe Gott, der er schon immer war und sein wird. Deshalb schloss er einen Bund mit Israel, indem er Mose für alle Zukunft zusicherte, ich werde sein als der ich sein werde, wie ehedem ich war mit Abraham, Isaak und Jakob (2 Mose 3) d.h. ihr Beistand, so auch für euch.

Was hier bedeutsam ist, ist die Gegenwärtigkeit Gottes im Leben, und zwar für alle Zeiten. Ausdruck ist der Bund. Gott verbündet sich, und das Volk lebt ganz in diesem Vertrauen auf Gott. So wird Gott der Herr der Geschichte Israels. War die Basis des griechischen Gottesverständnisses, wie wir noch sehen werden, die Natur (Physis), so ist sie im biblischen Denken die Geschichte. Dabei geht es um die Geschichte der Menschen im Kleinen, Alltäglichen (hier geht es um Brauchtum und Sitte als Weisungen Gottes) wie auch das Große, das von den Herrschenden – Saul, David, Salomo – gestaltet wird. Dabei ist Jahwe bei den Königen wie bei den einfachen Menschen Ursprung des Geschehens. Kurz gesagt, Gott agiert, der Mensch reagiert nur. Im griechischen Denken ist es genau umgekehrt. Der Mensch versteht und denkt alles im Hinblick auf die Idee oder das Göttliche, in dem er die gesuchte Begründung findet.

Der Bund Jahwes mit seinem Volk ist unverbrüchlich, auch wenn Israel durch Götzendienst untreu wird. Wohl bestraft Jahwe Israel, indem er andere Völker über Israel siegen lässt. Aber er kündigt seinen Bund nie auf. Die Epochen griechischer und römischer Herrschaft, die Zeit Jesu, die als einmaliger Eingriff Gottes in die Zeit erlebt wird, so dass man die linear verlaufende Zeit der Weltgeschichte später nach ihm eingeteilt hat, sind ein Beweis dafür, wie Gott der alles bestimmende Faktor der Geschichte ist.

Mit dem Bund ist seit unvordenklichen Zeiten verbunden das Gedenken sogenannter Heilsereignisse in Form von Brauchtum oder Riten. Die Passafeier ist eine der bedeutendsten Gedenktage der jüdischen wie christlichen Religion. Gründonnerstag, Karfreitag und die Osterbräuche sind eine Fortführung alttestamentlich-jüdischer Bräuche mit entsprechenden Erinnerungen und neuen Inhalten.

Gegenwart und Vergangenheit bilden so eine Einheit, die als Über- oder Hintergrund Gott haben

Die Frage ist, was geschieht dadurch? Menschen werden in einen Zeit-Rahmen aus Gegenwart und Vergangenheit „gebettet", der als bewusste Wirklichkeit letztlich Gott als bergenden Hintergrund hat. So wird Geschichte im Glauben erfahrbar.

Diese Erfahrung wird in Worten verdeutlicht, wie es z.b. die jüdische Seder-Feier mit den Lesungen vom Auszug aus Ägypten zeigt. In der christlichen Tradition heißt es in Bezug auf Riten Wort und Sakrament, wobei die Worterklärung dem rituellen Geschehen erst die entsprechende Bedeutung gibt.

Da es im Leben der Religionen immer um Gemeinschaft geht, wird das Rituelle, das sicht- und direkt erlebbar ist, in den Vordergrund gerückt. Daneben hat sich in der Geschichte ein gegenläufiger Brauch entwickelt. Man legt den Akzent auf das Wort, wie es vor allem die Reformation getan und ein neues Bewusstsein geschaffen hat.

In der Bibel wird der Bezug der Menschen zu Gott in etwa drei tausend Varianten, so oft ist von Gott die Rede, genannt. Dennoch gibt es in der Bibel keine Gotteslehre. Die Art und Weise, wie über Gott und den Glauben geredet wird, ist die Schilderung von Geschehnissen. Erzählungen schildern, wie Jahwe einen Bund schließt und Israel eine Lebensordnung (die 10 Gebote) gibt. Über viele Jahre tröstet er sein Volk, indem er Propheten beruft, die ihrem Leben eine Zukunft verheißen. Die sagen allerdings auch, wo es lang geht. Amos protestiert im Namen Jahwes gegen die Ungerechtigkeit der Oberen. Er musste verschwinden. Niemand wusste, wo er blieb.

Alles hat seine zwei Seiten. Babylon hat 586 Jerusalem erobert, den Tempel zerstört und große Teile der Juden nach Babylon in die Gefangenschaft geführt. Das Typische der israelischen Religionsbräuche gehörte jetzt der Vergangenheit an. An Stelle von Opfer- und Tempeldienst entsteht jetzt in Babylon etwas Neues: Der Wort-Dienst. Es ist die Geburtsstunde der Glaubensreflexion und der Predigt. Diese sicher unter Schmerzen geborene Veränderung kann man nicht hoch genug einschätzen. Hier beginnt ein neues Religionsbewusstsein, das wegen seiner späteren Ergänzungen zukunftsweisend war. So konnten Judentum, Christentum und Islam wesentlich Buchreligionen werden. Die Synagoge, die Kirche und die Moschee haben ebenfalls im Grunde hier ihren eigentlichen Ursprung.

Kurz gesagt: Ohne Raum und Wort kann man sich bei uns keine Glaubensgemeinschaft vorstellen. So vollzog sich eine wichtige Wende in der Religionsgeschichte und Religionspraxis, die das Glaubensdenken nach und nach intellektualisierte. Allerdings geschah das ganz im Sinne des damaligen Abgrenzungsdenkens und eines engen Jahweglaubens, der insofern auch heute noch und wieder zu problematisieren ist, als er gewiss in anderen Formen, aber in seiner Grundgestalt, auch heute noch oder wieder eine Rolle spielt. Man denke an Israel und sein Verhältnis zu den Palästinensern.

Darüber hinaus ist Jahwe auch ein Kriegsgott, der seinem Volk das Land Kanaan gegeben hat (5 Mose 6,10 ff). Ob das auch heute noch eine Rolle spielt? Zudem gab es im Jahweglauben scheinbar oder anscheinend keine Kompromisse. Vielleicht doch, wie das Folgende zeigt.

Die genannte Kompromisslosigkeit hat aber nicht verhindert, dass der Fremde, der als Wanderer vorbeikam, wie ein Bruder oder einfach als Mitmensch angesehen und behandelt werden sollte (2 Mose 23,4; 3 Mose 1934). Überhaupt soll der Nächste so behandelt werden, wie es ist, wenn man dabei an sich denkt (Mose 1918). Was einem selbst gut tut, das soll auch gegenüber dem Nächsten gelten. Ein einfacher und kluger ethischer Maßstab. Es wäre interessant, ihn mit Kants Kategorischem Imperativ zu vergleichen. Damals war er eine Neuheit, der im NT wieder eine entscheidende Rolle spielt (vgl. Lk 10).

Jesus verkündete das bald anbrechende Gottesreich. Wie er im Einzelnen die Zukunft gesehen hat, ist umstritten. Vielleicht ging es ihm vordringlich nur um die Gegenwart mit Zukunftserwartungen, die sich einmal später erfüllen. Ähnlich und doch wieder ganz anders dachte Paulus, der allerdings nicht von einem Reich der Zukunft sprach, sondern von der Wiederkunft Christi, wie es noch heute im Glaubensbekenntnis heißt. Diese Wiederkunft stand im Zentrum seiner Hoffnung, während von der künftigen Gottesherrschaft nicht mehr die Rede ist. Nichts von den Erwartungen hat sich bis heute erfüllt. Und dennoch berufen sich alle Kirchen auf diese Wiederkunft, die allerdings, wie es scheint, nicht ganz ernst genommen wird. Sie ist jedoch in einer anderen Weise ernst, sehr ernst zu nehmen. Die Wiederkunft findet in einer Weise statt, die mehr ist als ein phantastisches Spektakel. Jesus ist das Phänomen der Religions- wie auch der übrigen Geschichte schlechthin.

Wiederkunft ist dann die ankommende Verkündigung und Verbreitung seines Denkens. Die Bergpredigt ist ein beredtes Zeugnis, scheinbar weltfremd und dennoch den Nerv jeder Person und Gesellschaft treffend, oder wie es Helmut Schmidt sagte, man kann nicht mir ihr, aber auch nicht ohne sie regieren.

Da die Bibel eine etwa tausendjährige Religionsgeschichte widerspiegelt, ist sie eine interessante Quelle für die Entwicklung der Religion. Dem exklusiven Jahweglauben steht Paulus mit einer Zusammenfassung des Glaubenslebens in Korinther 13,12 ff als Glaube, Hoffnung und Liebe gegenüber. In heutiger Sprache könnte das heißen, nicht einfach in den Tag hinein leben, sondern dem Leben einen Sinn geben, es von Gott her oder auf Gott hin verstehen, deshalb Zuversicht haben, es zu meistern; und in der Mitmenschlichkeit dem Leben eine humane Form geben.

Trotz aller Schwierigkeiten herauszufinden, wie Jesus gelebt und gelehrt hat, darf man festhalten, er wollte seinen Zeitgenossen Gott erlebnismäßig nahebringen. Das könnte auch der Grund sein, weshalb man ihn mit allerlei damaligen religiösen Vorstellungen wie Reich Gottes, Erlösung, auch Endgericht, Auferstehung, Messias, Mahlgemeinschaften und Wundern in Verbindung gebracht hat. Bei allen Unterschieden in der Jesusdeutung darf man sagen, mit ihm gibt es einen Mentalitätswechsel (mens ist der Geist) in der biblischen Religionsgeschichte.
Liebe bestimmt das Verhältnis zwischen Gott und Mensch und umgekehrt. Und daraus folgt das für die Weltverhältnisse Entscheidende: F r i e d e.

Das Erlebnis Gottes durch Jesus scheint für das Lebensgefühl seiner Umgebung so beeindruckend gewesen zu sein, dass bei den Anhängern der Glaube entstand, was Jesus getan hat und wollte, muss weitergehen.

Wahrscheinlich ist das die Geburtsstunde des Glaubens an Jesu Auferstehung. Und Paulus, der Gegner, hat eingesehen, wenn auch spät: Jesus hatte doch Recht mit seiner Kritik am Gesetz, mit seiner von der Liebe bestimmten Mitmenschlichkeit und seinem Reden von der Herrschaft Gottes, so wie er sie verstand. Weiter ist zu bedenken: Jesu Tätigkeit war so nachhaltig, dass für die damaligen Verhältnisse eine Riesenmenge – 27 NT-Schriften und 2 Bände apokryphe Schriften über ihn wie über keinen seiner Zeitgenossen geschrieben wurde. In diesem Zusammenhang fällt uns heute das Wort Bestseller ein.

Als Abschluss der fast ausschließlich biblischen Erörterungen kann man im Hinblick auf unsere Fragen sagen: Was die biblischen Erzählungen prägt, ist die Jenseitigkeit, von der alles Leben seine eigentliche Bedeutung erhält. Somit ist die Welt der Transzendenz die eigentliche. Sie bestimmt das Weltverständnis der Menschen dieser Zeit in allen Bereichen. Vorgreifend sage ich schon jetzt, dieses Weltbild der absolut alles bestimmenden Transzendenz wird in der Neuzeit abgelöst, indem die Immanenz als Bestimmungsfaktor in einer noch zu bedenkenden Weise die Transzendenz ersetzt.
Als Abschluss ist nach meinem Verständnis festzuhalten: Bei aller Grundsätzlichkeit steht der transzendente Gottesglaube nicht im Gegensatz zur Welt und ihrer Gestaltung (vgl. Bergpredigt). Interessant ist, die Bibel denkt nicht im Schema Entweder-Oder, sondern im lebensbejahenden Sowohl-als-Auch.

Die frühchristliche Epoche und der Einfluss der griechischen Philosophie

In den biblischen Schriften ist der biblische Gott (Monotheismus) in der Nachbarschaft der Götter (Polytheismus) die dominierende Größe. In den Religionen der Griechen und Römer herrscht innerhalb ihrer Länder mit ihren jeweiligen Einflussgebieten der Polytheismus. Aber die philosophisch Gebildeten sind monotheistisch ausgerichtet. Für die Belange des Alltags sind beim einfachen Volk göttliche Mächte oder Götter zuständig, nach biblischem Glauben, nicht so sehr in der Frühzeit, mehr in der Spätzeit, ist es in Israel allein Gott. Die Auseinandersetzung der biblischen Religion mit der damaligen kulturellen Umgebung und besonders den Gottesvorstellungen geschieht auf der Ebene der philosophischen Schulen sowie der Religionsgemeinschaften. Athen, Jerusalem und Rom sind wie Symbole der Zentren damaliger Kulturen. Die in den politischen Schriften enthaltenen Gegebenheiten dieser Zeit sind ein Interessensgebiet für sich. Uns geht es um die Kultur, die den Zeitraum von Beginn des vierten Jahrhunderts vor bis zum Ausgang des fünften nach Christus umfasst. Spätere Historiker haben sie Hellenismus genannt, da das Hellenentum (Hellenen ein anderes Wort für Griechen) vorherrschend war. Es entstand eine Zeit sogenannter Kulturverschmelzungen. Es ist eine Zeit der Krisen, der Übergänge, der Anpassungen und Neuausrichtungen. Eine Zeit, die gekennzeichnet war von einem Nicht-Mehr und Noch-Nicht. Eine interessante Zeit. Trotz aller grundlegenden Unterschiede zu heute ist diese Epoche nach meinem Verständnis mit unserer Epoche kulturell vergleichbar. Damals ging es zentral um das Gottesverständnis, worum es auch heute geht, wenn auch mehr im Hintergrund.

Alexandria in Ägypten war in der Zeit der religiös-philosophischen Auseinandersetzungen ein kulturelles Zentrum mit einem beachtlichen jüdischen Bevölkerungsanteil. Aus ihm ging **Philon (13 v. Chr.-45/50 n. Chr.)**, ein hochgebildeter jüdischer Autor und Philosoph hervor.

Die Bibel des AT, der er als Jude verständlicher Weise den Vorrang vor anderen Schriften einräumte, und die griechische Philosophie, vor allem Plato, glaubte er miteinander in Einklang bringen zu können. Er meinte sogar, die Philosophie sei in den biblischen Schriften enthalten. Das ist zwar abwegig, führte aber zu für die Zukunft bleibenden Einsichten, denn etwas anderes ging in die Geschichte der Bibelauslegung ein. Er versuchte, literarische Bilder sowie mythische und überhaupt fremd anmutende Erzählungen, mittels einer Methode, die man Allegorie nennt, zu interpretieren. Allegorie (griechisch allegorein etwas anders sagen) heißt: Eine Erzählung als Verbildlichung eines Begriffs deuten. So meinte er, den Gott der Bibel, von dem in erzählerischer Form berichtet wird, mit philosophischen Begriffen wie Sein und entsprechenden Ableitungen darstellen zu können. Von gewissen menschlichen Zügen musste er gemäß der Hermeneutik (hermeneuein - auslegen) in der Gotteserklärung abstrahieren. Philon hat sehr grundsätzlich gedacht. Deshalb gilt nach ihm die Transzendenz (das das Erfahrbare Übersteigende) Gottes nicht nur gegenüber der Welt und allem Weltlichen, auch gegenüber den Ideen, selbst der Idee des Guten. Nach Plato eine äußerst extreme Transzendenz. Philon sagt, Gott ist das unpersönlich wahrhaft Seiende, das gleichzeitig aber auch als persönliches Wesen zu sehen ist. Das berührt die Grenzen der Gotteserkenntnis. Man möchte hier von einer erkennenden Unerkennbarkeit sprechen. Diese Unerkennbarkeit wird besonders deutlich, wenn Philon Jahwe zu Mose sagen lässt: "Das Verständnis meines Wesens ist aber nicht nur den Menschen sondern auch dem ganzen Himmel und dem Weltall versagt."

Wenn Gott nicht erkannt werden kann, dann soll man wenigstens sein Abbild, den allerheiligsten Logos erfassen. Im damaligen Denken ist Logos (das Wort) das Schöpfungswort und damit Grund der Erkenntnis und

Wahrheit. In 1 Mose 1,3 heißt es: Und Gott sprach, es werde
… und es ward … Da Gott durch das Wort spricht, ist es
Schöpfung und Offenbarung und damit Mittler zwischen
Gott und den Menschen. So ist eine geistige Verbindung
geschaffen. Durch die Ideen als geistige Kräfte, die das
Vorbild der materiellen Welt sind, wurde die Welt, in der die
Sterblichen leben, geschaffen. Zwischen Gott, der absolut
transzendent (jenseitig) ist, und den Sterblichen vermittelt
somit der Logos. Schöpfung als Möglichkeit der
Gotteserkenntnis ist ein Gedanke, der auch noch heute zu
durchdenken ist statt zu spekulieren, wie was geworden ist.
Nach Philon verfügt der Vater des Alls, der der wahrhaft
Seiende ist, über eine doppelte Kraft, eine Schöpferkraft,
weshalb er Vater heißt und eine herrscherliche, weshalb er
der Herr ist. Daher kann Gott als Einheit, aber auch als
Dreiheit, als Vater, Schöpferkraft und Herrschaft gesehen
werden. Dieser Dreiheit ist die Einheit übergeordnet. Für die
Theologie des Mittelalters galt Philon als Vorbereitung des
christlichen Glaubens, da bei ihm so etwas wie eine Trinität
angedeutet wird. Das ist aber sehr fraglich, da Philon Zeit
seines Lebens bewusst das Judentum vertreten hat.
Ausgangs-und Mittelpunkt sowie Basis seines Denkens
waren die jüdischen Schriften. Aber ein anderes
philosophisch-theologisches Problem wird durch ihn
geschichtswirksam. Er vertrat die Auffassung: Wohl kann
man von Gott sagen, d a s s er ist, aber nicht, w a s er ist.
Trotz aller späteren nicht allzu intelligenten Gegenaussagen
begleitet diese Einsicht dennoch die ganze weitere Denk-
Geschichte. Diese Einsicht, die man später theologia
negativa nannte, sollten wir bei der weiteren Erörterung
unseres Themas berücksichtigen.
In der Zeit des Hellenismus geschieht eine tiefgreifende und
die weiteren Jahrhunderte bestimmende
Auseinandersetzung zwischen biblischem Denken und
griechischer Philosophie. Eine entscheidende Rolle spielten
dabei die platonischen Schulen, die sich zu systematischen

und rational begründeten „Aussagen über Gott" fähig sahen. Wie Philon waren es zunächst jüdische Denker, wie die der alexandrinischen Schule, die biblische Texte und Vorstellungen von Gott besser verstehen wollten.

Für die Platoniker waren alle Aussagen über Gott ihn nicht treffend, denn er ist die absolut transzendente Über-Gottheit, die als reine Einheit für sich selbst alle menschlichen Bestimmungen abweist. **Plato (427-347)** hatte gesagt, Gott ist die Einheit, Unveränderlichkeit, Gutheit und Vollkommenheit. Er hat aber auch gesagt, die Idee der Gutheit ist unerklärbar. Er verglich sie mit dem Bild der Sonne, die alles erhellt. Wie man in sie nicht hineinschauen kann, so auch nicht in die Idee des Guten. Aber alles von ihr Beschienene ist erkennbar. Hier weiter gedacht, ist, was die Welt bestimmt, die absolute Güte. Diese Idee ist auch das besonders zu Liebende (proton philon). So in Kurzfassung die platonische Philosophie in Bezug zur Gottesfrage. Aus diesem Transzendenzverständnis gefolgert dürfte eine Einstellung zum Leben, neuzeitlich verstanden, positiv sein. Ein weiterer Zeitzeuge ist **Origines (185-253/4)** Er steht ebenfalls ganz in der Linie Platos, wenn er behauptete, dem Wissen kommt eine größere Bedeutung zu als dem Glauben. Der platonischen Sichtweise entsprechend ist besonders hervorzuheben die Identifikation Gottes mit dem Einen, das jenseits aller Vielheit zu sehen ist und ihm deshalb kein Prädikat (Satzaussage) zugedacht werden kann. Zum Verständnis: Jeder Satz hat ein Subjekt und ein Prädikat. Ein Gott zugeordnetes Prädikat entfällt, weil Gott als Subjekt mehr noch als fraglich ist, was platonischem Denken entspricht, über Gott keine Wesensaussagen zu machen. Aber der Logos im Johannesprolog (Jh. 1,1ff) enthält Vielheit, was einer Erklärung bedarf. Während Gott an nichts teilhat, hat der Logos an Gott teil. Wohl transzendiert Gott als Vater den Sohn, der Logos genannt wird. Da der Logos geschichtlich gesehen wird, hat er zunächst in der alttestamentlichen Weisheitsliteratur seinen Platz. Anders als dort ist der Logos bei Johannes von göttlichem Wesen und offenbart den Vater. Er ist der sich als Sohn Gottes zusagende Gott. Nach Joh. 1,14 ist er zwar Mensch geworden, aber trotzdem Gott geblieben. Gott hat sich nur geoffenbart im Wort. So wurde im Wort die Ewigkeit Gottes Zeit und Geschichte. Das Wort ist somit Gott, der sich geschichtlich den Menschen im Sohn zusagt, so geschieht die Wahrheit, und so ist die eigentliche Wahrheit des Glaubens entweder Gott oder was von Gott kommt. Weiter: Wenn Gott der oder das Höchste ist, dem kein anderes Wesen überlegen sein kann, dann muss er auch existieren. Das sind typisch griechische Denkvorstellungen, die dem heutigen Denken fremd sind.

Griechisch weitergedacht kann man sagen: Wenn das so ist, d.h. wahr, dann gibt es auch Wahrheit für uns, sonst nicht. Die Wahrheit wird allerdings noch etwas anders begründet, nämlich gleichsam subjektiv. Der Gedankengang ist: Da es Wahrheit gibt, wenigstens in der Selbsterkenntnis, gibt es etwas, das dem menschlichen Geist überlegen ist. Diese Wahrheit muss seinen Grund letztendlich in Gott haben. Dann ist folglich Gott das, über das hinaus Größeres nicht gedacht werden kann. So ist er nicht nur gedacht, er ist auch. Das entspricht in etwa dem Denken des Origines, der Christ war. Seine Überlegungen sind eine Hinführung und Einleitung der philosophisch geprägten Theologie des Mittelalters und auch darüber hinaus. Aber zunächst sollen noch weitere ähnliche Denker aus der Zeit des Hellenismus folgen.

Ein Denker mit besonderer Nachwirkung ist **Augustinus (345-430)**, der für uns nur in Bezug auf die Gotteserkenntnis bedacht werden soll. Alles Weitere hat das Kirchliche der künftigen Jahrhunderte sehr geprägt und muss eigens erörtert werden, was ich nicht als dem Thema zugehörig ansehe. Im Gegensatz zur neuplatonischen Philosophie sah er in Gott nicht das unerklärbar E i n e, sondern glaubte, wenn auch unvollkommen, über Gott Aussagen machen zu können. Auch betonte er im Gegensatz zu den Neuplatonikern, dass nur der von Gott erleuchtete Geist zu dieser Erkenntnis Gottes fähig sei.

Dieser Hinblick auf Gott, ausgehend von der grundsätzlichen Gegenposition zu Plato, d.h. der Erkennbarkeit der Wesenhaftigkeit Gottes, dürfte in der weiteren Geschichte, vor allem in der noch zu bedenkenden Scholastik, eine größere Rolle gespielt haben als das Denken des Origines. Will man die ganze Geschichte des Gott-Denkens tiefer verstehen, dann sind beide Richtungen die der Unerkennbarkeit der Transzendenz (Plato und Origines einerseits) und die der Erkennbarkeit (Augustinus andererseits) Begleiter auf dem Weg dieses Denkens.

Eine besondere Beachtung verdient **Boethius (480-524)**, ein Philosoph und römischer Staatsmann. Durch ihn spielt die platonische Philosophie eine überraschende Rolle. Er ist Christ, er befindet sich im Kerker, hatte den Tod durch Hinrichtung vor Augen, sucht aber, so beweist es jedenfalls sein schriftliches Zeugnis „Trost der Philosophie", diesen Trost nicht im christlichen Glauben, sondern in der Philosophie.

Ganz im platonischen Denken, wenn auch bedeutend weitergedacht, ist Gott allmächtig und der absolut Gute, der alles lenkt nach seinem Plan. Die Frage ist, wie kann dann der Mensch noch frei handeln? Den Widerspruch löst Boethius, indem er aufzeigt, dass das menschliche Erkennen sukzessive (nach und nach) in Denkakten, die in der Zeitenfolge geschehen, erfolgt. Die göttliche Einsicht ist wegen der göttlichen Ewigkeit ein zeitloser Akt. Also nicht als sukzessiv sich vollziehend zu begreifen. Vergangenheit, Gegenwart und Zukunft werden, ob es ein notwendiges oder kontingentes (zufälliges) Geschehen ist, mit einem einzigen Blick gesehen. So gibt es keinen Widerspruch von göttlicher Vorsehung – Planung – und menschlicher Freiheit. Nur weil der Mensch die Art seines Wissens auf Gott überträgt, gibt es darum einen scheinbaren Widerspruch. Wenn auch nicht direkt, aber vielleicht indirekt, spielt bei Boethius das biblische Denken doch eine Rolle. Die Eigenschaften Güte, Schönheit, Geistigkeit, Wahrheit bilden in Gott eine Einheit. In diesem Glaubensbewusstsein kann man nach ihm sein Leben gestalten, sodass es bedeutsam ist oder wird, sagt er doch: "Gebt ihr der Wahrheit die Ehre, dann obliegt euch eine wichtige Notwendigkeit, gut zu sein, bringt ihr doch euer Leben unter den Augen des Richters zu, dem nichts verborgen bleibt."

Die absolute Transzendenz im Hellenismus wird philosophisch mit den Ideen von Einheit, Wahrheit, Gutheit und ähnlichen positiven Begriffen dargelegt. Sie finden Eingang in die Theologie. Die absolute Transzendenz findet in der Immanenz ihr Abbild, was man in diesem Zusammenhang kaum beachtet. Alles, was ist, wird begriffen als ein bestimmtes Eines, sonst könnte man nicht von etwas sprechen. Alles, was ist, wollen wir erkennen, so wie es tatsächlich ist, nämlich als wahr. Was wir wollen, soll gut sein, etwas anderes wollen wir nicht. Man nennt diese Eigenschaften der Gesamtwirklichkeit (Einheit, Wahrheit, Gutheit) in der Philosophie die Transzendentalien. Eine Eigenschaft, die übergreifend alles, was ist, bestimmt.

Biblisches Weltverständnis, d.h. die Geschichte von Gott her zu sehen, und griechisches Denken, das nach Plato heißt, die Lebenswirklichkeit von der Transzendenz her zu begreifen, eröffnen, jeweils in ihrer Weise, die weitere Geschichte, zunächst die des Mittelalters.

In der Zeit nach dem Hellenismus und der Schließung der athenischen Akademie durch Kaiser Justinian im 6. Jahrhundert scheint sich in Bezug auf das Gottesverständnis nichts Interessantes getan zu haben. Der Glaube an Gott sah das jetzige Leben als Weg zum Himmel, typisch klösterlich, denn die eigentliche Wirklichkeit für die Menschen dieser Zeit waren Gott und der Himmel. Das Leben auf dieser Erde war bei allem Wohlbefinden ein Pilgerweg dahin. Danach hatte sich auch das kirchliche Brauchtum gerichtet, das von Mönchen geprägt war. Die meisten Zeiten sind nicht einheitlich. Es gibt immer Außenseiter, weshalb historische Zeiten und deren Zeugen auch so interessant sind. In diesem Sinn bildet eine gewisse Ausnahme unter den sonst geschilderten Zeitzeugen dieser Epoche **Johannes Eriugena (810-877)**, ein Lehrer an Hof- und Kathedralschulen. Er war philosophisch gebildet und dachte wie er lehrte ganz platonisch, dass wir Gott nicht direkt erkennen können, da seine Jenseitigkeit das unmöglich macht. Ganz in der platonischen Linie ist nach ihm Gott überseiend, überwahr, sogar übergöttlich. Trotzdem sagt er aber auch, Gott existiere in drei Substanzen. Die positiven Aussagen der Kirchenlehre und der Bibel über Gott und die negativen aus der Philosophie. Diesen Gegensatz konnte er nicht überwinden, sondern nur relativieren, indem er versuchte Offenbarung und Philosophie in eine mögliche Einheit zu bringen. Entsprechend seinem Denken stand die Vernunft über der Autorität. Das ist nur aus seiner grundsätzlich philosophischen Denkweise zu erklären. Aber damit hat er keine Sympathisanten gewonnen, sondern das Gegenteil. Er wurde einige Male oder mehrfach als Häretiker verurteilt. Ein Zeugnis für Ungeist und Intoleranz in der Religion, besser, für kirchliches Denken in dieser Zeit.

Das Mittelalter als Synthese von griechischer Philosophie und tradiertem Bibelverständnis

Das Mittelalter beerbt und beendet die Tradition der Antike und entwickelt dann in der Spätzeit Elemente, die die Neuzeit begründen. So entsteht eine historische Kontinuität, die im Zusammenhang der Transzendenzvorstellung oder des Gottesglaubens nicht unbedacht bleiben soll. Im Mittelalter sind die drei Faktoren der Einleitung in Antike und Neuzeit verwirklicht worden. Besonders der mittelalterliche Faktor Brauchtum spielte in allen Schichten der Gesellschaft eine die Lebensgestaltung formende Rolle. Dabei war der Gottesglaube eine in keiner Weise angefochtene Selbstverständlichkeit, denn für die Theologie wie auch für die Philosophie war Gott die über allem stehende Größe. Zweifel waren hier unangebracht, denn der Alltag und die Religion waren fast identisch. Die Frage war, welcher Weg ist der richtige zu Gott? Ist es das Denken, das zum Glauben und damit zu Gott führt, oder ist es der Glaube, dem das Denken nur erklärend folgt? Das war eine grundsätzliche, das Mittelalter bestimmende Frage. Anders gesagt: Ist der Ausgangspunkt der Glaube oder das Denken, die Bibel oder die Philosophie? Augustinus hat schon sehr früh die Antwort gegeben: Ich glaube, um zu erkennen (fides quaerens intellectum). Damit war die Frage, wie die weitere Geschichte des entscheidenden Einflusses sowohl der platonischen wie der aristotelischen Philosophie zeigt, nicht entschieden. Das Verhältnis von Philosophie und Glaube ist vielleicht am besten zu bestimmen als ein dialektisches, wobei der Ausgangspunkt der biblisch begründete Glaube ist. Über die Frage der Dominanz wird man interessant und endlos streiten können.

Anselm von Canterbury (1033-1109) wollte die Existenz und das Wesen Gottes, das nicht angezweifelte Geglaubte, den Mönchen, die das besser verstehen wollten, vernünftig verstehbar machen. Und das machte er sehr grundsätzlich. Sowohl der Gottesleugner wie der Gläubige müssen Gott denken als ein Wesen, das das Größte ist und über das hinaus es nichts Größeres geben kann. D.h., wenn man Gott denkt, muss man ihn so denken, sonst denkt man nicht Gott. Und weiter: Auch der Gottesleugner kann nicht bestreiten, dass Gott wenigstens in seinem Denken existiert, wenn er auch Gott außerhalb seines Denkens leugnet. Dieser Ausgangspunkt ist zunächst einmal unbestreitbar. Es ist aber ein Widerspruch, Gott, das höchste Wesen, nur im Denken anzunehmen, denn dann ist er nicht das, worüber hinaus ein Größeres nicht gedacht werden kann. D.h. ein Wesen zu denken, über das hinaus ein größeres nicht gedacht werden kann, und dieses Wesen nur im Denken gelten zu lassen, ist unmöglich. Wer so denkt, widerspricht sich selbst, denn dann existiert auch ein Wesen jenseits des Denkens, nämlich in der denkunabhängigen Wirklichkeit. Denn nicht nur im Denken, sondern auch in der denkunabhängigen Wirklichkeit zu sein, ist mehr. So ist an Gott zu glauben, vernünftig verstehbar gemacht. Wer diesen Gedankengang nicht nachvollziehen kann, ist ein Tor. Ganz biblisch (Ps.13, 1): „Es spricht der Tor in seinem Herzen, es ist kein Gott." Das sagt Anselm zwar nicht. Aber diese Meinung war damals dennoch zeitgemäß. Für Anselm, der in der platonischen Tradition stand und von der ausgehenden Antike und Augustinus beeinflusst war, galt, das Denken bestimmt das Sein und nicht umgekehrt, wie seine späteren Kritiker meinten. Von hier aus weiter gedacht, darf man auch folgern: Die Wirklichkeit als solche war die Transzendenz: Gott.

Anselms Aufweis der Existenz Gottes hat bis heute Befürworter wie auch Gegner gefunden. Dazu eine Erklärung. Wenn es um Widersprüche geht, dann treffen diese entweder reale oder ideale Objekte. Der Bezugspunkt ist dabei wichtig. Anselm war überzeugt, dass das Größere, über das hinaus nichts Größeres gedacht werden kann, ein ideales Objekt ist, dem nicht ohne Widerspruch die Existenz abgesprochen werden kann. In Bezug auf alltägliche oder normale Realitäten gilt die Logik von Anselm nicht, sonst wären gedachte 100 Euro ohne weiteres bei der Bank abzuheben. In Bezug auf ideal-geistige Zusammenhänge ist Anselms Argumentation logisch. Im Rahmen antikmittelalterlichen Philosophierens und Weltverstehens, in dem alles von göttlicher Transzendenz bestimmt war, ist dieses Denken nachvollziehbar. So kann man sagen, Anselms Denken ist ein guter Spiegel der Wirklichkeitssicht im Hochmittelalter.

Im dreizehnten Jahrhundert geschieht ein gewisser Wandel im Denken, der bereits Ende des zwölften Jahrhunderts beginnt. War nach platonischer Weltdeutung die wahre Wirklichkeit jenseits der erfahrbaren, realen Welt, der auch die Seele eigentlich zugehörte, so gewinnt jetzt das mehr von unten kommende Denken eine Eigenständigkeit, die sich am Ende auch durchsetzt. Das Neue heißt Scholastik (Schulweisheit). Sachgerecht könnte man gegen die vielfältigen Diffamierungen, die diesen Begriff begleiten, sagen, man geht in der Antike in die Schule. Nun kommt ein Denken, das sich trotz vieler Widerstände am Ende doch durchsetzt. Bei Anselm wird die Glaubensgewissheit nachträglich philosophisch verständlich gemacht.

Bei **Thomas von Aquin (1225-1274)** wird die grundsätzlich selbständige Vernunfterkenntnis zur Aussageform oder Begriffssprache der Theologie. Damit kein Missverständnis entsteht, sei betont: Der Gottesglaube war und blieb die Selbstverständlichkeit und somit auch Voraussetzung seines Theologisierens. Für den Platonismus der Spätantike war die absolute Jenseitigkeit des Göttlichen wegen der Transzendenz unerkennbar. Diese Vorstellung wirkte weiter und machte die Offenbarung Gottes für den Glauben notwendig. In einem gewissen Gegensatz dazu wird nun das Göttliche, das gewiss geoffenbart ist, Gegenstand vernünftiger Erkenntnis. Im christlichen Platonismus wird die Welt vom Jenseits aus gesehen, der christliche Aristotelismus sieht das Jenseits vom Diesseits aus erreichbar und vor allem deutbar. Kurz: Der Platonismus sieht die Welt von oben, der Aristotelismus sieht die Welt von unten, wohl mit einem Ausblick nach oben.

In diesem Zusammenhang ist es angebracht, auf entsprechende Weise auf das Denken des **Aristoteles (384-322)** einzugehen. Seine Schriften werden durch die Araber ins mittelalterliche Denken eingeführt. Er will seine Weltsicht abschließen mit der Idee des Göttlichen. Das Mehr oder Weniger, Größere und Kleinere, das Schlechtere und Bessere, alle Stufen der Wirklichkeit haben nach oben einen Abschluss: Das Göttliche; und in der Reihe der Seinsstufen und Bewegungen einen unbewegten Beweger. Aristoteles denkt hier aber nicht an eine mechanische Bewegung. Er denkt hier, was vielleicht überrascht, in der Vorstellung des Liebenden und Geliebten. Das Geliebte zieht den Liebenden so an, dass er sich bewegt. So bewegt Gott die Welt als Ziel, während er unbewegt bleibt.

Die einzige Tätigkeit des Göttlichen ist die Schau seiner selbst. So ist das Göttliche reine Aktualität im Denken des Göttlichen. Da das Göttliche materielose Aktualität ist, ist sie unbewegtes Prinzip aller Bewegung. Der Ausgangspunkt und die Basis ist somit nach Aristoteles die Materie und der Endpunkt, die Spitze das Göttliche. Diese zu Plato alternativ ausgerichtete Weltsicht hat zunächst im 13. Jahrhundert Schule gemacht. Ein berühmtes Beispiel ist Thomas von Aquin.

Vielleicht darf man sagen, hier zeigt sich eines der ersten Anzeichen der Neuzeit, ein Denken von unten. Entsprechend dem christlichen Aristotelismus, dass Gott das ist, was alle Gott nennen, versucht Thomas auf fünf Denkwegen das aufzuzeigen. Der erste Weg, der Bewegung aller Dinge, führt zu einem ersten Beweger, der zweite von den Wirkursachen auf eine erste Ursache, der dritte, von den Dingen, die sein können aber nicht müssen (Kontingenz), zu einer absoluten Notwendigkeit, der vierte, von dem, was weniger gut, wahr und edel ist, zu einer absolut höchsten Ursache dieser Prädikate, und der fünfte Weg von der relativen Zweckmäßigkeit und Zielgerichtetheit von

Vorgängen zu einem ersten Prinzip dieser Zielgerichtetheiten.

Gottes Dasein nur zu glauben, genügt weder Thomas noch vielen anderen. Deshalb will er ausgehend von ganz allgemein zu machenden Erfahrungen auf verschiedenen, logisch nachvollziehbaren Denkwegen Gott als Welterklärung ausweisen. Das Wort Beweis (demonstratio) gebraucht er nicht, obwohl fälschlicher Weise davon immer geredet wird. Die von ihm so genannten Denkwege bräuchte er nicht zu gehen, wenn Gottes Dasein durch sich selbst erkennbar wäre.

Ein philosophischer Weg, der spätmittelalterlichem platonischem Denken entspricht, soll hier als Gegensatz zum thomistischen aufgezeigt werden. Er leitet vielleicht mehr noch zur kommenden Zeit über. Er geht von folgender Frage aus: Ist im Subjektbegriff Gott der Prädikatsbegriff der Existenz enthalten oder nicht? Wenn das Prädikat eines Satzes von vornherein im Subjekt nicht enthalten ist und auch nicht dem Subjekt als eigenständige Aussage gegenüber steht, dann hat es für unser Denken keine Bedeutung. Hieraus folgt, Gott wird dann entweder zu einer absolut unzugänglichen Größe, die nur noch zu glauben ist, oder das Prädikat kann zu einer eigenständigen Größe werden, die mit Gott nichts mehr zu tun haben muss. Die Aussagen wie Wahrheit, Güte, Vollkommenheit bezeichnen nichts Göttliches sondern Dinge unseres Lebens. Damit sind diese für sich bestehend und sonst nichts. In der Weise wird die für sich bestehende irdische Welt vorstellungsmäßig und sprachlich eingeleitet. Die zuvor mit Gott in Verbindung gebrachten Gegebenheiten können dann selbständig und zur Wissenschaft werden. Also ein Denkschritt, der die Neuzeit einleitet. Glaube und Wissenschaft trennen sich.

Die an Aristoteles anknüpfende Denkrichtung blieb nicht unwidersprochen oder zumindest nicht alternativlos. Der von Plato geprägte Augustinus fand in **Bonaventura (1221-1274)** und **Duns Scotus (1266-1308)** in dieser Zeit anders ausgerichtete Denker. Bonaventuras Denken, das freilich auch aristotelische Elemente in der Erkenntnislehre aufweist, ging vor allem von Augutinus aus. Er lehrte, die Vorbilder aller Dinge sind ähnlich wie bei Plato Ideen bei Gott. Die Verwirklichung der Ideen in den Dingen und das Licht, das wir von Gott in unserer Seele haben, befähigt uns, die Wahrheit zu erkennen. Wenn somit die Wahrheit durch und in Gott erkannt wird, dann muss er auch existieren. Weiter argumentiert Bonaventura: „Das Sein selbst ist in sich so sehr das Allergewisseste, dass die Nicht-Existenz nicht gedacht werden kann. "Deshalb gilt, wenn wir vom Sein als solchem reden, dann denken wir dieses als höchste Aktualität, als Gott. Dann führt dieses Seinsdenken zu der Erkenntnis, dass Gott alles, was ist, in seinem Sein erschafft, das dann auch gut ist. Die Seele ist dabei ein besonderes Abbild Gottes.

Der andere beispielhafte Denker dieser Zeit ist Duns Scotus, der wie alle Religionsdenker dieser Epoche zwar als Theologe galt, aber vor allem Philosoph war, wenn er sich zeitgemäß auch selbst als Theologe verstand.

Ähnlich wie Anselm von Canterbury ruft er in einem Gebet Gott an: „Das erste Prinzip der Dinge gewähre mir, das zu glauben, zu verstehen und vorzutragen, was Deiner Majestät gefällt und unseren Geist zu deiner Anschauung erhebt." Dieses erste Prinzip, Gott, ist das Wollen, da man erkennen muss, wenn man verstehen möchte, dass es nicht notwendige (kontingente) Tatsachen gibt. Hier ist an die Ähnlichkeit wie auch Andersheit zum spätmittelalterlichen Denken zu erinnern. Weshalb? Scotus bleibt nicht einfach in dieser Linie, wenn sagt, Gott ist frei, er hätte die Welt auch anders, sogar unerschaffen lassen können. Wenn es um den göttlichen Verstand und den Willen geht, hat der Wille den

Vorrang. Denn Gott hat die bestehende Schöpfung gewollt, also hat der Wille den Vorrang, die Schöpfung ist der Beweis. Somit ist Gott vornehmlich Wille. Hier wird etwas im Gott-Denken angedeutet, was in der neuzeitlichen Stellung Gottes zur Welt bedeutsam wird. Wenn Gottes Eigenschaft primär der Wille ist, dann folgt daraus bei Goethe logisch, am Anfang war die Tat und nicht das Wort, wie bei Johannes im Prolog.

Die Überordnung des Willens Gottes über den göttlichen Verstand hat zur Folge, dass im Ethischen das gut ist, was Gott so will, und nicht, weil es auch rational zu begründen ist. Eine Naturrechtslehre ist in diesem Zusammenhang schwer denkbar. Das ist ein Beispiel dafür, was sich aus einem bestimmten Glauben an Konsequenzen ergeben kann. So hat die Transzendenz immer Einfluss auf die Immanenz, es geht nur um eine sachgemäße Interpretation, die keine Kleinigkeit ist, da eine Wesen treffende Begrifflichkeit umfassend ist und die Wirklichkeit als solche bestimmt.

Wie es scheint, setzte sich im Spätmittelalter die Auffassung von der absoluten Jenseitigkeit und Überlegenheit Gottes über alle erschöpfliche Wirklichkeit in einer bestimmten Richtung der Theologie durch. Wenn jegliche göttliche Dimension über der geschöpflichen steht, dann ist alle Erkenntnisbemühung umsonst. Hier ist zu erinnern an die Beziehung von Subjekt und Prädikat in einem Satz, wie oben bereits dargelegt. Ist das Subjekt denkerisch absolut unzugänglich und das Prädikat wird zur eigenständigen Größe, dann gewinnt diese ihre Eigenständigkeit in der Wissenschaft. In diesem Zusammenhang hat es die Wissenschaft dann nur noch mit den Disziplinen wie Logik und Mathematik zu tun. Daneben gibt es den Glauben, über den Theologie und Philosophie zwar reden, der aber seine unerkennbar eigene Wahrheit hat.

Nach **Wilhelm von Ockham (1280-1349)**, der ebenfalls in

diese Richtung denkt, ist weder die Existenz eines einzigen Gottes noch die der unsterblichen Seele zu beweisen. Dasselbe gilt folglich für die Eigenschaften Gottes, vor allem für die göttliche Allmacht und Freiheit. Deren Unbeschränktheit kann nur geglaubt werden. Wissenschaftlich zugänglich sind diese angeblichen Tatsachen nicht, denn nur demonstrative Wissenschaften wie Mathematik und Logik können einen Erkenntnisanspruch erheben. Der Grund ist: Nur Erfahrung und evidente Prinzipien führen wohl zu wissenschaftlicher Erkenntnis, aber nicht zum Glauben. Also ist Theologie keine Wissenschaft. Was bedeutsam und deshalb bedenkenswert ist: Damit wird Gottes Wirken nicht in Frage gestellt. Denn seine Allmacht ist an keine vorgegebenen Prinzipien gebunden. Sein Wirken beruht auf absolut freier Entscheidung. So kann er alles unmittelbar bewirken, auch wenn er es faktisch mittelbar, so unsere Erfahrung, tut. Unsere Erkenntnis der Dinge kann von Gott sogar so erzeugt werden, dass wir Dinge erkennen, die es gar nicht gibt, was gewöhnlich nicht geschieht; aber so weit geht seine ursächliche Allmacht.

Wie wir sehen, ist so zu denken im Mittelalter keine absolut unvorstellbare Überraschung; sie ist vorbereitet in der Wende vom dreizehnten zum vierzehnten Jahrhundert. Die von Ockham ausführlich gegebene Begründung, die von der absoluten Transzendenz, die fast wie eine Willkür erscheint, ausgeht, ist das Besondere. Ähnliche Vorstellungen des Eingreifen Gottes in unser Denken begegnen uns zu Beginn der Neuzeit bei Descartes, der sie als absolute Wahrhaftigkeitsgarantie Gottes, also positiv, begreift.

Die Mystik als Gotteserfahrung

Die von Rationalität bestimmte Denkungsart des Albertus Magnus und des Aquinaten im 13. Jahrhundert findet noch eine andere Alternative in der zweiten Hälfte dieser Zeit. Es ist die Mystik, die im Spätmittelalter und unter ganz anderen Gegebenheiten wie auch in anderer Form zu Beginn der Neuzeit neben der Theologie der Kirchen dem Glaubensbewusstsein Gestalt geben. Ging es in der philosophisch denkenden Theologie um Erkenntnis und deren Deutung, so geht es in der Mystik um die tief-innerliche Erfahrung und weniger um die von der Tradition übernommene Begrifflichkeit, die, weil nicht anders möglich, gebraucht wird, um diese Erfahrungen auch zu vermitteln. Ein herausragendes Beispiel ist bis auf den heutigen Tag **Meister Eckhart (1260-1327)**. Ausgangspunkt ist das Verständnis Gottes als absolut jenseitig, weshalb er von der Erkenntnis, die es mit den Dingen unserer Lebenswirklichkeit zu tun hat, nicht begriffen werden kann. Das mystische Erleben soll deshalb unabhängig von zu genauer Begrifflichkeit sein. Dennoch wird das Mystische mit herkömmlichen Termini beschrieben. So ist für Eckhart Mystik weder Verzückung noch verstummtes In-sich-Sein, sondern eine Denkweise, die über das philosophisch-theologische Argumentieren hinausgeht und mehr zu einem unmittelbaren – seelischen – Erfahren Gottes wird. So zeigt sich das Göttliche vor allem in der menschlichen Seele. Zwar sind alle Kreaturen Fußstapfen Gottes, aber der Mensch allein ist Gottes Ebenbild. So verbinden sich Gott und Seele, so dass zwischen ihm und ihr keine Kluft mehr besteht. Deshalb kann man Gott und die Seele auch nicht erfassen, wie man Gegenstände erfassen kann.

Wo es um Gott und die Seele geht, spricht Eckhart von unserer Unwissenheit, die eine „gelehrte Unwissenheit" (docta ignorantia) ist. Wie alle Dinge durch Teilhabe an einer Idee, die sich in ihnen verwirklicht, also etwas Unerschaffenes in sich haben, so auch die Seele. Es ist ein unerschaffener, ewiger Funke. Dieser Funke ist der Seelengrund, der nichts anderes in sich hat als Gott. Durch dieses Werden Gottes in der Seele werden alle seelischen Kräfte, ja der ganze Mensch von Gott erleuchtet. So erkennt und liebt Gott in der Seele des Menschen. Die Seele ist so mit Gott vereint, dass sie alles Erkennen und Wollen aufgibt. Man könnte sagen, sie verliert ihre Individualität, als würde sie ganz in Gott aufgehen. Weshalb diese Identität der Nichtidentität, kann man sich fragen? Eckhart möchte, dass sich der Mensch der Einheit der Seele mit Gott bewusst wird. Deshalb geht es ihm nicht darum, das Tun oder die Tätigkeit der Seele zu betonen sondern ihr Sein. Dies zeigt sich in der inneren Haltung. Das Gebet soll demnach die Einheit der Seele mit Gott zur Gegenwart werden lassen. Wir verstehen unter Gebet, so zeigt es die Praxis, ein Bitten um hehre Ziele, fromme Wünsche und nicht selten ein verständliches Betteln in Not. Eckhart dagegen: Was man sich vornehmen soll, ist, nichts mehr zu wollen, weil Gott alles will. Gott erfüllt das Bewusstsein. Dem platonischen Denken ging es um die Übereinstimmung zwischen dem vernünftigen Denken und der Wirklichkeit. Eckhart geht es darum, das Bewusstsein der Zugehörigkeit von allem, was ist, vor allem der Zugehörigkeit des Menschen zum Einen Göttlichen zu wecken oder zu stärken. Was er meint, kann er auch einfacher sagen, und das tut er in einer Predigt mit folgenden Worten:" Manche einfältigen Leute wähnen, sie sollten Gott so sehen, als stünde er dort und sie hier. So ist es nicht. Gott und ich, wir sind eins. Mit Erkennen nehme ich Gott in mir auf, mit Liebe trete ich in Gott ein ... Gott und ich, wir sind eins in diesem Wirken. Er wirkt und ich werde." Eckhart nennt das die Geburt Gottes. Und diese Geburt geschieht nicht in uns, insofern wir Naturmenschen sind, sondern in uns auf dem Grund der Seele, die er auch Haupt oder Vernunft nennt. Sie ist das Edelste im Menschen. Und Geist ist wesenhaftes Wort, und Wort bedeutet Offenbarung. Die Philosophen und Theologen kennen nach Eckhart nicht den Seelengrund. In ihm aber, der substantiellen Vernunft, ereignet sich die

Gottesgeburt. Nach Thomas soll etwas von Gott unmittelbar Geschaffenes in die Seele kommen, nach Eckhart kommt Gott selbst unmittelbar in die Seele.

Was bedeutet das? Eckhart geht es um ein intensives Erleben Gottes, das zum lehrmäßigen Definieren des Göttlichen absolut konträr steht. Es ist nach Eckhart kein exzentrischer Zustand. Worum es geht, ist nur schwer zu beschreiben. Vielleicht kann man dieses Gotteserlebnis, bei aller Fragwürdigkeit, klar machen durch einen Vergleich mit einem möglichen Musikerlebnis. Der Schlusschoral der Matthäuspassion von Bach „Ruhe sanft, sanfte Ruh" kann zu einem vergleichbaren Erlebnis führen, das ganz in sich und tiefinnerlich ist, wobei alles Drumherum nicht mehr wahrgenommen wird. Das piano gesungene „Ruhe sanft", mit leiser Musik begleitet, kann zu einem inneren Berührtwerden und so zu einem über das Jetzt hinausweisenden Erleben führen. Vielleicht ist es das, was so etwas wie eine Geburt Gottes nach Eckhart ermöglicht. Der Mensch kann im Erleben dieser Musik mit Choralbegleitung fast ganz aufgehen in seiner Seele oder Innerlichkeit.

Der die Neuzeit einleitende Übergang

In der Geschichte der Religion und des Gottesglaubens des Altertums wie des Mittelalters wurde die Welt von ihrer Begründung her verstanden. Dabei ging es, wenn auch nicht direkt so gesagt, eigentlich um die Frage, wieso ist die gegenwärtige Welt so, wie sie ist. Die jeweilige Gegenwart wurde von der Vergangenheit her begriffen, biblisch als Schöpfung und griechisch-philosophisch als Verwirklichung von Ideen. Die Bibel stellt ihre Weltdeutung dar in Erzählungen und Gedichten, die Griechen in philosophischen Begriffen.

Die neuzeitliche Geschichte wird gewöhnlich mit den

Entdeckungen oder der Reformation beginnend gesehen. Dabei werden gewisse Fakten, die die Neuzeit einschließlich der Frage nach Gott bestimmen, erst nach und nach gesehen. Jubiläen, Gedenktage und -zeiten sowie Darstellungen der Geschichte machen das Vergangene in der Weise interessant, dass sie die die Gegenwart begründenden und erklärenden Voraussetzungen zeigen. So ist Geschichte nicht tote sondern lebendige Vergangenheit. Ein wichtiger Hinweis: Bereits im 14. Jahrhundert beginnt eine neue Sichtweise und ein neues Denken. Bisher wurden die Dinge in ihrer Allgemeinheit, d.h. ihrer Wesenhaftigkeit gedacht. Alles, was Nahrung aufnimmt und ausscheidet sowie sich selbst bewegt, ist ein Lebewesen. Alles, was wächst, ist eine Pflanze. Damit ist auch der Mensch ein Lebewesen, allerdings mit Sprache. Jetzt geht es um bestimmte Tiere, Pflanzen sowie Naturvorgänge, aber vor allem um bestimmte Menschen. Mit anderen Worten, nicht was alles und alle wesentlich bestimmt, sondern was das konkret Einmalige, Individuelle ausmacht, ist die eigentliche Wirklichkeit. Die bildende Kunst ist dafür beispielhaft. Deshalb hat dieses Denken nach einer gewissen Zeit die Porträtmalerei hervorgebracht. Im Glaubensleben wie im Theologischen ist Luther für das Individuell-Persönliche ein Beispiel. Ihn bewegt die Frage, wie bekomme ich, Martin, einen gnädigen Gott. Dieses individuell-persönliche Gesamtverständnis der Lebenswirklichkeit bestimmt das Menschsein damals wie heute.

In der Übergangszeit vom Mittelalter zur Neuzeit ist **Nikolaus von Kues (1401-1464)** besonders erwähnenswert, weil bei ihm das Denken über das Individuelle hinaus einen gleichsam schöpferischen Charakter hat. Unser Erkennen ist von Denkformen des Einzelnen abhängig. Deshalb steht er in Opposition zu Autoritäten, die er für gefährlich hielt. Nach ihm ist der menschliche Geist ein schöpferisches Vermögen. Er lehrte, alles Erkennen ist ein Messen, und der

Maßstab des Erkennens ist die Zahl. Sie ist Abbild der ursprünglichen Zahl, die im Geist Gottes enthalten ist. So gibt es eine Idee der Zahl, an der alle Zahlen Anteil haben. In der Weise ist der menschliche Geist abhängig vom göttlichen Geist. Auch hier begegnet uns noch die platonische Tradition mit den Begriffen von Abbild der Idee und Teilhabe an dieser.

Interessant ist, wie Cusanus mit der Zahl religionsphilosophisch weiterdenkt. Die Mathematik führt sogar zur Erkenntnis des absolut Unendlichen. Dass man dieses aber nicht erreichen kann, zeigt das mathematische Erkenntnisvermögen. Stellen wir uns ein regelmäßiges Vieleck vor. Je größer die Zahl der Seiten, umso mehr wird das Vieleck ein Kreis, aber der Kreis wird nie erreicht. Aus dem Vieleck wird einfach kein Kreis. Wir kommen an die Grenze, wo Endliches das Unendliche berührt. Im Schritt zum Unendlichen wird das Endliche überwunden. Dann fallen im Unendlichen das Größte und Kleinste zusammen.

Das ist gegen das seit Aristoteles geltende (Nicht)Widerspruchsprinzip. Was positiv ist, kann nicht gleichzeitig negativ sein. Wenn die denkbaren Gegensätze wie schön und hässlich, Gut und Böse gleichzeitig gelten sollen, so muss man fragen, weshalb? Die logischen Schwierigkeiten kannte Cusanus auch. Deshalb sagte er, dem Widerspruchsprinzip übergeordnet ist, gleichgültig ob Gut und Böse, schön und hässlich und wie die Gegensätze alle sind, Gott. Er ist in allem über allem und alles. Er ist Gott. Und die Welt ist eine Entfaltung, Explikation Gottes.
So enden Antike und Mittelalter mit Gott als der Macht über der Natur als Schöpfung und dem Herrn der Geschichte. Ohne Gott war und ist nichts denkbar. Gewiss waren diese Zeiten keine paradiesischen Verhältnisse, besang man doch im Mittelalter das Leben als „Tal der Tränen". Aber man glaubte, die Gegenwart ist nicht alles. Sich als Pilger sehen,

galt in den Schwierigkeiten im Kleinen wie auch bei wichtigen Entscheidungen im Großen. Die Verantwortung vor Gott war für alle bedeutsam. Das bezeugen Kirchenportale wie Stiftungen für Verstorbene.

Bei aller Verschiedenheit, Gott zu sehen und entsprechend zu deuten, kann man die Worte des Cusanus als Kennzeichnung der ganzen damaligen Vergangenheit gelten lassen: Gott ist in allem und alles ist ein Gott.

Die Vorgeschichte der Neuzeit

Will man die kulturelle Geschichte, insbesondere die der Religion mit ihrem Gottesglauben begreifen, ist man auf die drei kulturbildenden Faktoren Transzendenz (Gott), Mensch und Welt angewiesen. Sie sind sowohl in ihrem eindeutigen Inhalt wie in ihren Veränderungen und auch in ihrem sich verändernden Verhältnis zueinander zu sehen wie zu erklären. Auf diese Weise wird in der Vielfalt der geschichtlichen Veränderungen ein grundlegender Wandel, den man Paradigmenwechsel (Paradigma: Die das Ganze erklärende Vorstellung) nennt, erklärbar. Diese Zwischenbemerkung ist angebracht, da zwischen dem 15. und 16. Jahrhundert ein fundamentaler Wandel stattfindet. Soziologen nennen die kirchlichen Veränderungen des 19. Jahrhunderts Säkularisierung, die Verweltlichung der Welt überhaupt und damit auch der Religion. Aber schon mit Beginn der Neuzeit werden Gott und Welt zu getrennten Größen, sodass am Ende die Wissenschaft von der Welt Gott nicht mehr nötig hat. Das ist die eigentliche Säkularisierung. Was im 19. Jahrhundert immer mehr um sich greift, ist das Entstehen von Freikirchlichen Gruppen wie auch eine in den Städten um sich greifende Entkirchlichung, die scheinbar unreligiös ist. Das Glaubensbewusstsein scheint damit nicht ganz identisch zu sein, denn die religiöse Überzeugung und die bewusste Kirchenzugehörigkeit sind nicht selten getrennt, gerade oder auch bei Intellektuellen. Entkirchlichung ist eigentlich keine Säkularisierung.

So wichtig auch die Reformation für die Geschichte der Neuzeit ist, sie ist nicht gekennzeichnet von einem philosophisch begründeten neuen Gottesverständnis. Es ging um die Reform der Kirche nach den Prinzipien: Allein der Glaube, allein die Gnade, allein die Schrift. Weil das die kirchliche Neuzeit geprägt hat, waren diese Prinzipien zukunftsweisend. Ich möchte betonen, vor allem die Schrift - das Wort - die das Evangelische in all seinen Schattierungen kennzeichnet, ist das Entscheidende. Das Wort hat nicht nur einen wesentlichen Beitrag zur Aufklärung geliefert, sondern auch ein persönliches Gläubigsein für viele Kirchenferne in der modernen Zeit ermöglicht. Dieser Hinweis betrifft das neuzeitliche Brauchtum mit seinen neuen Anforderungen.

Blitz und Donner, Regen und Sonnenschein, das Wetter wie das Leben der Pflanzen und Tiere waren das, was von Gott bestimmt wurde. Ähnlich, nur etwas verändert, war es mit den Krankheiten, die waren nicht wie das Geschehen am Himmel von Gott verursacht, aber er konnte sie auf wunderbare Weise beseitigen. Auch glaubte man, dass Gott durch Bitten in die Geschehnisse zur Abwehr von Feinden eingreifen kann. Und in heiligen Kriegen, auch davon war man überzeugt, ist Gott nur auf der eigenen Seite hilfreich zugegen. In den bisherigen Zeiten sah man hinter allem Geschehen überirdische Mächte.

Die Veränderungen betrafen nicht nur die grundsätzliche Weltsicht, sondern auch einzelne, bestimmte Vorkommnisse. Bisher hatte man Naturvorgänge genau beobachtet und beschrieben. Es war klar, dass die Feder eines Vogels langsamer zu Boden fällt als ein Stein. Der Stein schwebt ja nicht. Das Experiment und die Anziehungskraft führten zu einer bis heute gültigen Erklärung. Die alte Beobachtung war überholt, auch wenn viele es nicht wahrhaben wollten.

Das bisherige geozentrische Weltbild wurde durch **Kopernikus (1473-1543)** und **Galilei (1564-1642)** abgelöst von dem heliozentrischen. Dann folgte die universale Sicht, nach der es im unendlichen Weltall keinen Mittelpunk gibt. So bereits der Dominikaner **Geordano Bruno**, der 1600 in Rom als Ketzer verbrannt wurde. Dieses Weltbild gilt bis heute. All diese Weltbilder, so glaubte man mehr oder weniger allgemein, sahen Gott als Ursache. Er hat die Welt so gestaltet, wie sie nun mal ist, gleichgültig, ob gemacht (1Mose 2,4 ff), mit dem Wort ins Leben gerufen (1 Mose 1,3) oder durch Ideen verwirklicht, wie Plato (427-347) und die christlichen Platoniker lehrten. Die Denker vor Sokrates (470-399) waren bewegt von der Frage, was allem zugrunde liegt oder worauf das Ganze zurückzuführen ist. Aristoteles führte alle Dynamik der Welt auf einen ersten Beweger zurück.

Kurz zusammenfassend darf man sagen: Hinter, in oder über der Natur oder Lebenswirklichkeit sah man eine transzendente Macht, die allerdings in den kommenden Jahrhunderten nach und nach fraglich wurde. Hinter allem die Transzendenz oder Gott zu sehen, galt selbstverständlich für Antike und Mittelalter, aber auch für den Beginn der Neuzeit und darüber hinaus, was im Einzelnen zu untersuchen ist.

Zunächst muss man feststellen, dass das Gottesverständnis keineswegs einheitliche Züge trägt. Dass Gott ins persönliche Leben oder ins politische Geschehen eingreift, besonders, um Zwietracht, Feindschaft und Krieg zu vermeiden, gehört für nicht wenige zur Glaubenshaltung. Daneben wird dieses Gottesverständnis in der neuzeitlichen Geschichte auch ganz anders gesehen, da man nüchtern betrachtet feststellen kann, dass unsere Verhältnisse mehr als von Gott, sondern vom Menschen mit allerlei Erfolgen und Misserfolgen, von Katastrophen und zu feiernden Ereignissen bestimmt begriffen werden. Die Gestaltung der Natur im Kosmischen wie Geozentrischen, die Ereignisse in der Lebensgeschichte wie in der Politik sind eher vom Menschen her zu sehen als von Gott oder einer überirdischen Macht. So geben Evolution und säkulare Kulturtheorien bessere Auskünfte als Schöpfungsglaube und Geschichtstheologie. Wohl ist Gott damit immanent funktionslos, aber nicht ohne Bedeutung. Worum geht es dann noch, wenn wir von Gott reden? Es geht um die Deutung und die danach sich richtende Gestaltung unseres Lebens. Es geht um das sogenannte Existenzielle, das, wenn auch verschieden und unausgesprochen Menschen zutiefst bewegt, es geht um das, was allem, was wir tun, zugrunde liegt. Dabei spielen Zuversicht und Hoffnung eine wesentliche Rolle. Am Ende geht es um Gott.

Auch in früheren Zeiten ging es nur mit anderen Fragen darum, wie ist der Mensch, so wie er ist, mit guten und bösen Seiten, entstanden? Diese Frage, die gewiss noch andere Fragen beinhaltet, sucht die Anthropologie evolutionsbiologisch, historisch, kulturgeschichtlich etc. zu beantworten. Ob sie das Existenzielle grundsätzlich in Frage stellt, vermag ich nicht zu entscheiden. In früheren Zeiten scheint der Schöpfungsglaube die entsprechende Antwort gegeben zu haben. Was uns im Allgemeinen und Besonderen interessiert, ist unser jetziges Leben und dessen Zukunft. Denn die Lebensgestaltung ist allein unsere Aufgabe. Der Blick wird so begreiflicherweise als erstes auf die Zukunft gerichtet, nicht auf die Vergangenheit. Folglich ist unser Denken nicht primär eine Rückschau, es ist ein Ausblick von der durch die Vergangenheit bestimmten Gegenwart, die das Jetzt ist, auf das Kommende, das überhaupt nicht im Einzelnen, vielleicht da und dort im Allgemeinen, erahnt werden kann.

Zusammengefasst und vereinfacht gesagt: Das Naturdenken der Antike und des Mittelalters war vor allem eine Rückschau, und in der Neuzeit richtet sich das Denken nach vorn. Hat man Gott von der Herkunft her verstanden, so besteht jetzt das Interesse, Gott von der Zukunft her und auf Zukunft hin zu sehen. Wohl hatten die Griechen überlegt, ob die Welt schon immer gewesen sei oder einen Anfang habe. Aber mehr dachten sie nach über das, was alles Seiende so gestaltet, wie es ist, d.h. über die Verwirklichung der alles begründenden Ideen (Plato) oder die sich verwirklichende Wesenhaftigkeit (Aristoteles). Schöpfungsglaube, Transzendenz oder Wesenhaftigkeit können parallel verstanden werden. Allerdings fehlt allen die Ausrichtung auf die Zukunft.

Schon das normale Leben stellt uns, ob wir es bewusst wollen oder nicht, immer vor die Frage, was ist oder kommt dann? Es geht um den nächsten Augenblick, es geht um die nächsten Minuten, Stunden und Tage oder die kommende Zeit. Alles, was wir tun, essen und schlafen, arbeiten und ruhen, geschieht auf das Kommende hin. Die Vergangenheit kann erkennen lassen, weshalb etwas ist, wie es ist, was gewiss nicht unbedeutend ist, sonst gäbe es ja keine Geschichtswissenschaft, die zu unserer Bildung gehört. Aber dennoch geht der ursprüngliche Blick des Menschen nach vorn.

In der Neuzeit wird ganz allgemein gesehen Gott nicht abgeschafft. Nietzsches „Gott ist tot" kann guten Gewissens revidiert werden. Wohl ist es in der Neuzeit, vor allem in der Gegenwart, so, dass vieles, was im Zusammenhang mit Religion gesehen wird, als dümmlich gilt. Aber die Menschheit hat ihre Lebenswirklichkeit schon immer von einer hinter- oder überweltlichen (transzendenten) Macht bestimmt oder beeinflusst, wenn auch nicht durchschaut, begriffen. So hat der Mensch die Gesamtwirklichkeit (Gott, Welt, Mensch), wie auch immer, als allumfassende Einheit erlebt. Und diese als Einheit erlebte Grundbefindlichkeit hat, wie es scheint, auch der weiteren Geschichte der Menschheit ein bergendes Dazugehörigkeitsgefühl oder Bewusstsein verliehen.

Wie die Transzendenz gesehen wurde, war damals und in der Geschichte bis heute, wie alles Übrige, sehr verschieden. Das bisher in unseren Überlegungen in Bezug auf Transzendenz (Hinter- und Überweltlichkeit) Durchdachte ist nur ein Hinweis, der vieler Ergänzungen bedarf. Anders gesagt: Der Gedanke Gott, das Ausrichten des Lebens auf eine transzendente Macht, die unsere ganze Geschichte begleitet, ist eine Menschheitsvorstellung. Das Ganze der Lebens- und Weltwirklichkeit besteht, ich wiederhole, kulturgeschichtlich gesehen, aus den Faktoren Mensch, Welt und Gott. Aus dem Ganzen der Dreiheit wird durch die neuzeitliche Wissenschaft der Faktor Welt isoliert und zur Wirklichkeit schlechthin erklärt, wobei dann nur noch das für den Menschen zu gelten hat, was die Wissenschaft sagt. Fragen nach Ausrichtung und Deutung des menschlichen Lebens spielen dann anscheinend keine Rolle. Das ist zu kurzschlüssig und darum falsch gedacht. Das Existenzielle wäre demnach eine belanglose Einbildung. Ein Wissenschaftler, der in seinem Fach vor Begeisterung gleichsam aufgeht, wird sich mit Recht nach einer erfolgreichen Beweisführung gegen Urteile über die persönliche Wertlosigkeit seines Tuns wehren, denn er fühlt sich in seiner Persönlichkeit, die etwas anderes als Wissenschaft ist, verletzt. Die Wissenschaft macht alles methodisch objektivier- und verstehbar. Mit allem, was über diese Faktizität hinausgeht, haben es Philosophie und Religion zu tun. Es ist das „Mehr" des Lebens mit all seinen Tätigkeiten, was Religion anvisiert und dem Leben Bedeutung zu geben versucht.

Nach dem, wie sich Wissenschaft versteht, kann sie von Gott weder etwas Positives noch Negatives sagen. Für sie existiert Gott nicht. Daraus einen grundsätzlichen Atheismus abzuleiten, ist unmöglich.

Die Philosophie bedenkt sowohl die Wissenschaft als solche (Wissenschaftstheorie) wie auch die Religion (Religionsphilosophie). Die griechischen Philosophen, besonders Plato und Aristoteles sowie die spätantiken Denker haben die Religion, vor allem den Gottesglauben, grundsätzlich bedacht. Dasselbe gilt für die des Mittelalters, die bekanntlich in der griechischen Tradition stehen. Das Denken der Neuzeit soll in Bezug auf den Gottesglauben exemplarisch erläutert werden, um dann die Möglichkeit einer Zukunft zu bedenken.

Die Neuzeit und das Gottes-Denken

Der Philosoph, der die Neuzeit einleitet, ist **Descartes (1596-1650)**. Er ist Mathematiker, Naturwissenschaftler und Philosoph. Uns interessiert seine philosophische Position. Deshalb soll als erstes sein Spruch bedacht werden: „Je pense donc je suis." auf Deutsch: Ich denke, also bin ich. Im Denken Descartes heißt das, wie er selbst erklärend übersetzt sagt: „Ich denke, also bin ich eine endlich denkende Substanz." Außer diesem denkenden Ich lässt sich nichts mit Gewissheit erkennen und in diesem Denken existiert die Idee eines absolut vollkommenen Wesens. Diese Idee kann weder aus der Erfahrung, noch aus der Einbildungskraft, weil beide zu beschränkt sind, herrühren. Die Idee muss als eingeboren gelten und eine Ursache haben, die ebenso viel vollkommen ist wie die Idee. Und das ist Gott. So kann man auch sagen, die Idee Gott ist eine göttliche Eingebung.

Ein weiterer Gedankengang argumentiert ebenfalls unabhängig von der Subjektivität und nur von der Idee Gottes als einem absolut vollkommenen Wesen aus. Wenn Gott ein Wesen ist, das absolut vollkommen ist, und wenn Sein eine Vollkommenheit ist, dann hat Gott diese

Vollkommenheit der Existenz. Also existiert Gott. Descartes argumentiert in der platonischen Linie, ähnlich wie Duns Scotus. Erkennen ist immer ein Erkennen von Objekten, d.h. das Erkennen schließt das Erkannte mit ein. Danach ist die Gottesidee ein Abbild der Natur Gottes. Wie die Natur des Dreiecks die Winkelsumme einschließt, so das Gott-Denken die Existenz.

Diesen Gottesbeweisen liegt darüber hinaus ein Denken zugrunde, das besagt, dass Endliches nur vor dem Hintergrund des Unendlichen gedacht werden kann. Denn wie sollte ich begreifen, dass ich endlich bin und nicht vollkommen, wenn ich nicht die gegenteilige Idee habe? So lässt sich durch die Gottesidee zeigen, dass ihr ein vom Denken unabhängiges Wesen, das wohl diese Ideen im Menschen erzeugt, entspricht. Von dieser Idee der Vollkommenheit her ist eine Täuschung ausgeschlossen.

Descartes war überzeugt, dass es von der Erfahrung unabhängige Erkenntnisse gibt, so auch die Erkenntnis Gottes. Das Gegenteil, dass alle Erkenntnis auf Erfahrung beruht, hat die weitere Geschichte der Neuzeit wesentlich, wenn auch nicht ausschließlich, bestimmt. Alles Wissen ist Erfahrung, so **Thomas Hobbes (1588-1679)**, ein Philosoph und englischer Zeitgenosse, der sagte, auch die Idee von Gott hat als Grund die Erfahrung. Nur so dachte man nicht auf dem Kontinent, wie sich gleich zeigt.
Die Philosophie des **Baruch (Benedictus) de Spinoza (1632-1677)** kann man als Spiegelbild des 17. Jahrhunderts betrachten. Nach ihm gibt es verschiedene Arten von Erfahrung. Erstens ein Hörensagen, dann eine unbestimmte alltägliche Erfahrung. Die nächste ist ein Schließen von der Wirkung auf die Ursache. An vierter und letzter Stelle steht die für unseren religionsphilosophischen Zusammenhang wichtige Erkenntnisart. Es ist die Verstandestätigkeit, deren Inhalt Ideen sind. Das ist ein Wissen, das aus der nächsten Ursache oder dem Wesen erschlossen wird. Diese Ideen

werden folglich nicht aus der Sinneswahrnehmung oder den oben beschriebenen Wahrnehmungen gewonnen. Der Verstand ist spontan und gleichzeitig bestimmt von einer Wesensschau, die als eine Intuition definiert wird. Statt den Gedankengang weiter zu verfolgen, sagt Spinoza: Die Wahrheit zeigt sich selbst, wie auch das Licht und die Finsternis sich offenbaren. Und die Wahrheit, um die es geht, ist nicht konzipiert nach dem allgemeinen Wahrheitsbegriff. Es geht nur um die ewige Wahrheit. Dazu wörtlich: „Unter ewiger Wahrheit verstehe ich eine solche, wenn sie bejaht ist, niemals verrückt werden kann." Diese erste ewige Wahrheit ist, dass Gott ist. Verständlich macht das ein deduktives Denken, d.h., wenn es ein sogenannt Späteres zu erklären gibt, muss es aus dem der Natur nach Früheren hergeleitet werden. Wie die Natur durch sich selbst erkannt wird, so auch die Idee des vollkommenen Wesens. Die Natur wird durch sich selbst erkannt und nicht durch irgendein anderes Ding." Sie besteht aus unendlichen Attributen ...(Eigenschaften, Beifügungen), so dass außer ihr keine Wesenheit oder Sein mehr ist und sie genau übereinkommt mit der Wesenheit des allein herrlichen und hochgelobten Gottes". Aus dem der Natur nach Früheren folgt, dass die Substanz Gott ist, und der ist alles. Hier ist nun das Neue: "Unter Substanz verstehe ich das, was in sich ist und durch sich begriffen wird, d.h. das, dessen Begriff, um umgebildet werden zu können, den Begriff eines anderen Dinges nicht braucht." Diese Bedingung ist nur Gott. So gibt es nur eine einzige Substanz, die alles begründet. Diese Welt der unendlichen Seinsweisen ist gegründet durch das unendliche Attribut der Ausdehnung, in der einen absolut unendlichen Substanz Gottes. Die endlichen Akte des Denkens gründen in der allumfassenden Substanz Gottes. Da die Substanz nichts anderes ist als Gott, wird alles Sein auf Gott zurückgeführt. Darum die Aussage Spinozas: deus sive substantia sive natura (Gott ein für sich Seiendes oder Natur). Für G. Bruno war Gott „der innere

Künstler" der Welt. Zum Ganzen sagt Goethe: „Was wär` ein Gott, der nur von außen stieße; das All im Kreis im Kreis am Finger laufen ließe! Ihm ziehmt`s die Welt im Innern zu bewegen; Natur in sich, sich in Natur zu hegen; so dass, was in ihm lebt und webt und ist, nie seine Kraft, seinen Geist vermisst."

Dass wir in Gott leben, dieser Gedanke bestimmt alle Briefe des Paulus. Dass alle Wirklichkeit ihre Ursache in Gott hat, sagte die mittelalterliche, philosophisch geprägte Theologie. Und Cusanus beschrieb die Welt als eine explicatio Dei (Entfaltung Gottes). Weshalb musste Spinoza eine so radikale Ablehnung erfahren? Nach ihm bilden Gott und Welt keine Zweiheit wie Ursache und Wirkung, sie sind identisch; das galt als Pantheismus (Gott ist das All und umgekehrt). Man kann dazu auch Monismus sagen.

Der Monismus wird besonders deutlich, wenn Spinoza sagt, "dass die menschliche Seele ein Teil des unendlichen Verstandes Gottes ist; wenn wir daher sagen, die menschliche Seele nehme dieses oder jenes wahr, so sagen wir nichts anderes, als dass Gott ..., sofern er die Wahrheit der Menschenseele ausmacht, diese oder jene Idee habe." Das widerspricht dem bisherigen Verständnis der Individualität der Person, dem Denken über die Willensfreiheit und dem Glauben an die Unsterblichkeit. Zu dieser Ineinssetzung von Gott, Welt und Seele kommt noch hinzu die von Körper und Geist. Was am meisten zur Opposition Anlass gab, war die Ineinssetzung von Gott und Welt, was gegen die ganze bisherige Tradition war, denn die drei Kulturfaktoren, Gott, Welt, Mensch gehören zwar als Einheit zusammen, waren aber niemals identisch. Das Ganze der Lebenswelt mit ihren kulturbildenden Faktoren p r i m ä r als Einheit zu begreifen, entspricht zwar der neuzeitlichen Weltentdeckung und bewegt auch weiterhin das Denken, besonders im 19. Jahrhundert, sie passte aber, wie es scheint, nicht ins 17. Jahrhundert.

In der bisherigen Geschichte bildeten die Faktoren eine dynamische Einheit. Da die Philosophie ganzheitlich denkt, sind die Überlegungen Spinozas des Weiterdenkens wert. Die Eigenaktivität des Faktors Mensch hat das Beziehungsverhältnis zu den Größen Gott wie Welt jeweils neu werden lassen. Aber die Einheit wie auch das jeweilige Sein dieser Größen blieb für sich erhalten. Da die Lebenswelt erhalten blieb als Einheit, konnte der Mensch als aktiver Lebensgestalter sein Mitsein bestimmen.

Der Mensch schuf den Übergang vom Zeitalter der Jäger und Sammler primär durch Ackerbau und Viehzucht zum agrarischen Zeitalter. Es ist das Zeitalter der Entstehung der Hochkulturen einschließlich der Religionen. Wissenschaft und Technik begründen die Neuzeit. Die Gegenwart scheint wieder in einer Umwandlung zu sein. Die Digitalisierung scheint vielleicht doch mehr als ein Vergleichsmoment der Erfindung des Buchdrucks zu sein.

Das Besondere des Faktor Mensch besteht in diesem Beziehungsverhältnis darin, das dynamische Element zu sein. Nach Spinoza ist der Mensch ein Erzeugnis der göttlichen Natur und nur hervorgebracht, nicht hervorbringend. Das liegt wieder in der Linie, alles, einschließlich den Menschen, aus der Transzendenz zu begreifen. Aufs erste gesehen widerspricht Spinoza mit pantheistischen Gedankengängen den tradierten Aussagen über Gott, in denen dieser absolut überweltlich geglaubt wird. Die Tradition der mittelalterlichen wie auch beginnenden neuzeitlichen Tradition war so für einen Denker wie Spinoza weder gott- noch weltgerecht. Und, was den Menschen betrifft, ist sein Denken nicht weit von der Evolutionstheorie. Jetzt zurück zum homo faber.

Ganz anders als von Spinoza wird der Mensch zu Beginn der frühen Neuzeit von **Pico della Mirandola (1463-1494)** gesehen. Bei ihm ist ein aktiver, somit auch kulturbildender

Faktor im Spiel. Mirandola sagt: "Der Mensch ist das glücklichste Wesen." Weshalb? „Er ist in die Mitte der Welt gestellt." Das entspricht ganz dem neuzeitlichen Weltbild, Gott-Mensch-Welt, wobei der Faktor Mensch seiner Stellung gemäß die Aufgabe der Weltbewältigung einnimmt. Das Weltbild des Mittelalters war Gott-Welt-Mensch. Dieses grundlegend Neue darf man im Rück- wie Vorblick nicht aus dem Auge verlieren. Gemäß dem neuen Weltbild spricht der Schöpfer:" Ich habe dich ... geschaffen, damit du dich frei, aus eigener Macht, selbst modellierend und bearbeitend zu der von dir gewollten Form ausbilden kannst. Glücklich für den Menschen ... zu sein, was er wollte". Aus der zeitgemäßen Perspektive entspricht das der Stellung des Menschen in der Kulturentwicklung. Er und nicht die vergöttlichte Natur ist in der Entwicklung Ausgangspunkt und treibende Kraft. Indem sich der Mensch in jeder Entwicklung aktiv einbringt, kommt es zu einem gelingenden Fortschritt. Mirandola sieht sowohl gesamtgesellschaftlich und -geschichtlich wie individuell das menschliche Leben als ein Sich-aktiv-Einbringen. Völlig anders, nochmals sei es gesagt, nämlich vom Ganzen, und zwar irgendwie von oben her, denkt Spinoza; und da ist der Mensch eben nur ein Teilchen.

Hier zeigt sich ein typisch westliches Denken der monotheistischen Religionen, die sich fragen lassen müssen, ob nicht eine gewisse Engstirnigkeit in den zeitgemäßen Auseinandersetzungen um den zeitentsprechenden Glauben zur Verurteilung Spinozas führte? In Asien begegnet uns ein Denken, das nachdenklich stimmen kann. Kulturvergleiche sind immer für die Erkenntnis hilfreich. Sie verdeutlichen das eigene Denken.

Trotz aller kulturellen und politischen Unterschiede ist Spinozas Denken über Welt und Natur im Vergleich mit dem japanischen Shintoismus zwar ungewöhnlich, aber interessant. Die Götter Japans haben Japan und das Land geschaffen und alles, was darin ist. Die Sonnenkönigin ist der Mittelpunkt der vielen Götter. Man sagt, es seien Millionen. Dann gibt es keinen Bereich, der nicht göttlich ist. Lebensbelange, Lebensphasen – Streben nach weltlichem Glück – wie auch der Jahresverlauf stehen unter dem Shinto-Glauben, was übersetzt heißt „Weg der Götter." Da Kulturen sich nur in großen Zeiträumen ändern, gibt es trotz aller Technisierung mit ihren Folgen immer noch genügend Japaner die vom Götterland Nippon träumen. Dabei ist die Haltung zu anderen Religionen die:"Ob Jesus, Jehova, Allah oder Mohammed, im Grunde sind sie alle Kami (die Höheren) und damit ist es doch gut." Die Götter streiten auch nicht. Was für uns interessant ist, ergibt sich aus dem Vergleich eines Vielgötterlandes mit einem monotheistischen Gottesland. Im Shintoismus führt die Vielfalt nicht zu Auseinandersetzungen, aber die biblische Religionsinterpretation hat mit ihrer pseudointellektuellen Einlinigkeit eine lange Blutspur hinterlassen.

Zu bedenken dürfte auch sein, wie heute von nicht wenigen unserer Zeitgenossen die Natur interpretiert wird. Sie wird von ihnen als das Ganze schlechthin gesehen. Was soll schließlich über das Naturganze hinaus noch sein? Aus ihr entsteht oder kommt alles, und in sie geht alles wieder zurück. Das war's dann. Ein solches Denken erinnert an die Kulturstufe der Jäger und Sammler. Die haben allerdings eine Macht übermenschlicher Art, wir sagen dazu göttlich, hinter allem gesehen. Hinter ihrer Lebenswelt war nach ihrer Vorstellung eine immanente Transzendenz im Gegensatz zu einer absoluten, von der Welt abgehobenen. Um Einfluss auf das Geschehen, das die immanent-transzendente Weltmacht verursachte, zu gewinnen, hatten sie magische Riten, die sich, wie das Brauchtum zeigt, noch längst nicht überlebt haben. Sie werden heute zu wenig in ihrer Eigentlichkeit bedacht.

Die Erkenntnisse der sogenannten Vorgeschichte, der griechischen Antike sowie des Mittelalters sind Vergangenheit. Und Vergangenheit ist, so sagt man,

Vergangenheit, d.h. für immer vorbei; scheinbar. Spinoza wurde wegen seiner Identifizierung von Gott und Natur, die schon immer problematisch war und bleiben wird, als Atheist, der er nie sein wollte, verurteilt. Wohl trägt das heutige Naturdenken atheistische Züge, und über das gläubige Denken kann man streiten. Was Spinoza dachte, was auch heute noch oder wieder in verschiedener Weise, sei es im Verhalten oder im Denken bezüglich der Natur eine Rolle spielt, muss einschließlich der Gottesfrage noch bedacht werden. Der verbreitete Kirchenglaube trennt Gott und Natur zu sehr, das sogenannte monotheistische Denken identifiziert beide zu sehr. Die Mitte zu finden ist fast unmöglich. Auf der hohen Entwicklungsstufe der Bibel, der Bergpredigt, kommt es deshalb auf das humane Tun an, nicht entscheidend auf die Weltauslegung.

Da die Neuzeit vom Individualismus bestimmt ist, gibt es verschiedene konträre (gegensätzliche), sogar kontradiktorische (sich gegenseitig ausschließende) Denkwege.

Der letzte Denker vor der Aufklärung, der exemplarisch und denkerisch stringent die Gottesfrage behandelt hat, war **Leibniz (1646-1716)**. Auch wenn er kein ausgeprägt religiöser Mensch und Denker wie **Pascal (1623-1662)** war, ist er ein scharfsinniger Problemdenker. Und wegen seiner „Abhandlung der Theodizee über die Güte Gottes, die Freiheit des Menschen und den Ursprung des Übels" gehört seine Religionsphilosophie zu unserem Denkweg.

Leibniz verfügte in Bezug auf die damaligen Verhältnisse über eine umfassende Bildung. Seine Anregungen zur Neuschaffung von Wissenschaften bis zur Technik seien nur erwähnt. Mit Recht gilt er als letzter Universalgelehrter. Dazu trat er wie kaum ein anderer für die Einheit des Abendlandes ein und stand auf Seiten derer, die eine Union der beiden Kirchen erstrebten.

Der Grundgedanke der erwähnten Schrift über die Theodizeefrage ist folgender: Gott hat die Welt als "die beste aller möglichen Welten" erschaffen. Der Grund ist: „Das Handeln Gottes kommt aus seiner überragenden Weisheit in Verbindung mit unendlicher Liebe". Wäre das nicht so, dann wäre ein besser handelnder Gott denkbar. Das kann nicht sein, weil Gott das höchst Denkbare ist. So ist das, was Gott geschaffen hat, "die Erwählung des Besten". Alles in der Welt muss aus der höchsten Vernunft erklärbar sein. "Gäbe es nicht die beste aller möglichen Welten, dann hätte Gott überhaupt keine erschaffen ..., da er nichts ohne höchste Vernunft tut". So muss alles auf der Welt aus der höchsten Vernunft erklärbar sein, auch Schlechtes, wie Übel und Leiden. Sie sind dann zwangsläufig Bestandteil der besten aller Welten. Wenn alles aus dem unübertreffbaren Handeln Gottes folgt, dann ist jede Veränderung im Handeln Gottes eine Verschlechterung. Und daraus folgt. Eine Welt ohne Übel und Leiden ist eine schlechtere.

Die ganze Beweisführung geht von der Voraussetzung aus, Gott ist der Schöpfer der Welt, so wie sie ist, in höchster Weisheit und Güte. Leibniz ist die Frage zu stellen: Wie ist es mit der Möglichkeit einer besseren, leidlosen Welt, statt einer leidvollen als Ausgangspunkt. Auch ist der Begriff Schöpfung nicht geklärt. Das Theodizeeproblem entsteht nicht, wenn die Schöpfungsvorstellung wegfällt und eine andere Denkrichtung sich eröffnet.

Leibniz schließt in seinem Denken von einer idealen, transzendenten Gottesvorstellung aus auf die real erfahrbare Verfasstheit der Welt. Die etablierte Begrifflichkeit lässt wegen seiner Idealität keinen Widerspruch entstehen. Beginnt das Denken, wie gewöhnlich, in der immanenten Welterfahrung, also nicht von oben (Gott), sondern von unten (in den menschlichen Lebensverhältnissen), dann entstehen Probleme, die wegen des Widerspruchs von Realität und Idealität nicht zu lösen sind. Während wir heute von der Realität her die Welt sehen, können wir mit der Lösung der leibnizschen Rechtfertigung Gottes nichts anfangen.

Die Bibel löst das Problem, soweit Menschen Leid verursachen, praktisch durch Appelle zur Humanität. Die Leid verursachenden Naturvorgänge oder -katastrophen im Großen wie im Kleinen (Krankheiten) sind erfahrungsgemäß erklärbar. Was damit nicht erklärt ist, ist der Begriff Schöpfung. Dieser ist nach unseren Erörterungen in einer Interessenlage entstanden, in der unser Leben wie die Gesamtwirklichkeit von ihrem Grund her gesehen wurde. So ist Gott wie ein Macher (1 Mose 1,24 ff.) - etwas banal ausgedrückt - dargestellt worden. Heute schauen wir zielgerichtet in die entgegengesetzte Richtung. So wird Gott zur endgültigen Hoffnung.

Die Aufklärung

Eine besondere Epoche der europäischen Geschichte ist die Aufklärung. Es ist ein Epochenbegriff mit vielfältigem Inhalt, der die weitere Geschichte in ihrer ganzen Breite bestimmt. Unser Interesse gilt der weltanschaulichen Kulturentwicklung, wie sie sich zeigt in Philosophie, Religion und Theologie. Voraus ging dieser Zeit eine gewisse Ermüdung als Folge der unmenschlichen Glaubens- und Religionskämpfe. Das neue Weltbild (Kopernikus, Kepler, Galilei, Bruno) bestimmte den Horizont des Denkens.
Newtons (1643-1727) „Philolosophiae naturalis principia mathematica" begründen eine Emanzipation der Naturwissenschaft vom theologischen wie metaphysischen Denken. Die neue Sicht ist von Einfachheit, Kausalität, Uniformität und experimenteller Methode bestimmt.
Humanismus und Renaissance dachten schon aufklärerisch. Sie gingen zurück auf die Antike. Deshalb lehnten sie das Kirchlich-Theologische des Mittelalters ab. Für sie war das Mittelalter als Mittelzeit, eine dazwischen, zwischen Antike und Mittelalter. Die eigentliche Zeit, auf die man sich bezog, war die Antike. So wurden Plato, die Stoa und der homo

mensura Gedanke des **Protagoras (481-411)**, der Mensch ist das Maß aller Dinge, der seienden, dass sie sind, der nicht seienden, dass sie nicht sind, aktuell. Die Reformation mit der Hervorhebung des individuell Personalen und der Konzentration auf das Wort werden als Mitursache und Voraussetzung der Aufklärung vollständigkeitshalber erwähnt. Der weitere Schritt, die Welt durch Wissen und Technik zu bewältigen, war dann nicht mehr schwer. Der mit einem weiten Horizont Denkende und sich seiner uneingeschränkten Freiheit Bewusste wird zum Menschen dieser Zeit. So wird der Mensch autonom in der ganzen Breite und Tiefe seines Bewusstseins. Der Fortschritt ist dann die zwangsläufige Folge, weshalb das Wort auch in dieser Zeit entstand. Man ist sich einig, dass diese Zeit wegen ihrer Vielfalt und ihres Reichtums nicht in eine einfache Formel zu bringen ist, wie ja selbst der Begriff Aufklärung, so umfassend und fundamental er zu sein scheint und als Epochenbezeichnung die Vielzahl der neuen Erkenntnisse nicht beinhaltet. Der freie Geist erobert sich durch Erkennen und Erfahrung die Welt, aber nicht, indem er irgendwelchen Autoritäten folgt. Für uns ist interessant, was Kant am Ende der Epoche, die vom Empirismus und Rationalismus bestimmt war, kritisch feststellte, denn beiden bescheinigt er einen unkritischen Umgang mit der Vernunft. Grund? Sie wollen über alles vernünftig urteilen. Die Vernunft ist aber nicht absolut, vielmehr endlich, d.h. auf die Lebenswelt mit ihren Gegebenheiten eingeschränkt; denn das Erkennen richtet sich in erster Linie nicht nach dem Objekt, sondern nach den Erkenntnisbedingungen des Erkennenden, und die Erkenntnisbedingungen sind nicht ohne weiteres identisch mit der Lebenswelt. Man könnte fast sagen, die Welt ist unendlich aber der Mensch beschränkt. Denn anhand der Fragen, was kann ich wissen, was soll ich tun, was darf ich hoffen, was zusammengefasst heißt , was ist der Mensch, sind die Möglichkeiten und Grenzen der

Vernunft bestimmt. Den Beweis liefert Kant mit den Postulaten der rein praktischen Vernunft. Hier stößt der Mensch an die Grenzen des Wissens, wie wir gleich sehen werden.

Dass die Vernunft seit der Aufklärung philosophisch, wissenschaftlich, alltäglich, auch religiös-theologisch eine maßgebende Rolle spielt, kann nicht hoch genug veranschlagt werden, denn dadurch können Sachlichkeit und Toleranz bestimmende Faktoren für alle Lebensbereiche werden. So wird die Erklärung Kants zu einer ermutigenden Aufforderung zum Vernunftgebrauch. Er schreibt 1783 zu „Frage, was ist Aufklärung?": „Aufklärung ist der Ausgang des Menschen aus seiner selbst verschuldeten Unmündigkeit. Unmündigkeit ist das Unvermögen, sich seines Verstandes ohne Leitung eines anderen zu bedienen. Selbstverschuldet ist diese Unmündigkeit, wenn die Ursache derselben nicht am Mangel des Verstandes, sondern an der Entschließung und des Mutes liegt, sich seiner ohne Leitung eines andern zu bedienen. Sapere aude! Habe Mut dich deines eigenen Verstandes zu bedienen!"

Dieser Text erklärt klassisch und verständlich, worum es in der Aufklärung geht. Verstandes- und Vernunftgebrauch werden hier, wenn auch unausgesprochen, identifiziert, was der Sache keinen Abbruch tut. Alles Weitere sind zeitgeschichtlich zu verstehende Kommentare. Entscheidend ist der so notwendige Gebrauch der eigenen Erkenntnisfähigkeit, deren Nicht-Gebrauch sich in der weiteren Geschichte geradezu katastrophal auswirkte und auch die Religion ins interesselose Abseits drängte.

Was den äußeren Rahmen der Verhältnisse von Religion oder Kirche und Staat angeht, so setzte sich in dieser Zeit die Auffassung durch, die Menschen glauben aus freier Einsicht und vernünftigem Urteil. Zudem setzten auf allen Gebieten des Lebens Veränderungen ein. In diesem Wandlungsprozess entstehen verschiedenreligiös ausgerichtete Gruppen. Was sie hauptsächlich bestimmte, waren, von späterer Zeit aus geurteilt, der Theismus und Deismus, die Empirie und die Rationalität, d.h. Gegensätze; zu erwähnen ist auch der Atheismus. Zunächst die Deisten und Theisten, da diese exemplarisch sind.

Zu den Deisten gehören auch die Physiko-Theologen. Sie vertreten die Auffassung, Gott habe die Natur so wunderbar und zweckdienlich eingerichtet, dass jeder Fortschritt dem Glauben dienen kann. Die Vollkommenheit der Schöpfung offenbart Gott, den man mit einem Uhrmacher verglich. Deshalb sei die Schöpfung so vollkommen, dass der Schöpfer nie mehr eingreifen muss. Manche unter ihnen sahen den Schöpfergott als das „All-Eine". Gemeinsam ist den Deisten die Auffassung, nur was einzusehen ist, was über allen Sondermeinungen steht, gilt als Religion. Deshalb propagierten sie eine Vernunftreligion als Universalreligion. Statt das Feiern von religiösen Mysterien soll die Moral in den Vordergrund treten. Das Gute, das in allen moralischen Forderungen der Grundsatz ist, bildet auch den Kern aller wahren Religion.

Der Theismus steht in keinem fundamentalen Gegensatz zum Deismus, wohl zum Atheismus, der in der Meinungsvielfalt als Randerscheinung in der Aufklärung anzutreffen ist. Kants Kennzeichnung ist treffend: Der Deist glaubt an Gott, der Theist glaubt an einen lebendigen Gott.

Darwin (1809-1882) konnte seine wissenschaftlich fundierte Abstammungstheorie mit der Gottesvorstellung der Physiotheologen, die die Grundlage für theistische wie deistische Schöpfungsdeutungen waren, nicht in Einklang bringen, weshalb er als Atheist galt und sich auch so sah. Ein Beispiel für zu revidierende Folge von Zeitbedingtheiten.

Folgende „Glaubenswahrheiten" waren für das optimistische Menschenbild der Aufklärung nicht annehmbar: Der Glaube an den Fluch der Erbsünde, die Verderbtheit der menschlichen Natur, das Wirken des Teufels, die drohende Höllenstrafe, die göttliche Weltherrschaft, die Vertröstung auf ein Jenseits. Nicht aus

Angst vor göttlicher Strafe soll der Mensch gehorchen, sondern aus Einsicht in die Vernünftigkeit der Gebote. Der Mensch soll freiwillig und gern tun, was er tun muss und nicht einer Willkür folgen. Als Dokumentation für die Übereinstimmungen wie auch Verschiedenheit der Aufklärungsdenker sollen die folgenden beiden Philosophen kurz skizziert werden.

Berkelley (1685-1753) will die Existenz und die Eigenschaften Gottes, die Unsterblichkeit der Seele und die Verbindung von Gottes Vorsehung mit der menschlichen Freiheit beweisen. Ausgiebig beschäftigt er sich deshalb mit erkenntnistheoretischen Fragen. So kam er dazu, sich von der empirischen These zu befreien, dass alle Begriffe auf Beobachtungen beruhen. Beoachtungsunabhänge Begriffe haben wir in unserem Geist und diese sind primär in Gottes Geist. Den Geist Gottes erkennen wir nicht unmittelbar, sondern durch Schließen. Es gibt vom Ich unabhängige Vorstellungen, die nicht aus dem Erfahrungsbereich sind. Diese können nur von einem geistigen Wesen hervorgerufen sein. Der Ursprung ist der göttliche Geist, auf den geschlossen wird.

Hume (1711-1776) stand jenseits von Rationalismus und Empirismus. Seine Kritik an der Religion hatte die Absicht, aufzuzeigen, dass erstens die Demonstrationen der Existenz Gottes diese nicht beweisen, und zweitens aufzuzeigen, dass religiöse Vorstellungen in ihrer Entstehung psychologisch zu erklären sind.

Dem Gottesbeweis aus der Zweckmäßigkeit der Natur widerspricht die Tatsache, dass vieles nicht zweckmäßig ist. Und von der Vielheit der Naturvorgänge wäre allenfalls auf den Polytheismus zu schließen. Dazu kommt noch das seiner Meinung nicht gelöste Theodizee-Problem, das rational nicht zu lösen ist. In diesem Rahmen ist weiterhin zu bedenken, dass kausale Wirkungszusammenhänge auf

Gewohnheit beruhen, d.h. auf Vorgängen, die regelmäßig aufeinander folgen. Daraus folgt erst ein scheinbares Gesetz. Die angenommene Weltentstehung kann in seiner Einmaligkeit nicht als Vorgang, der sich auf eine Ursache bezieht, aufgefasst werden. Damit werden der teleologische wie der kosmologische Gottesbeweis hinfällig. Auch der ontologische von Anselm wird abgelehnt. Da die Existenz - das Sein - nie zum Inhalt - Wesen - des Begriffs gehört, ist die Existenz Gottes aus dem Begriff nicht zu folgern. Die Konsequenz heißt: Gott ist nur zu glauben, nicht zu beweisen. Wenn Gott nicht zu beweisen ist, dann muss der Glaube auf vernünftige Motive zurückgeführt werden. Er entsteht in der Angst vor Unglück, Not und Tod und der Hoffnung auf ein zukünftiges Glück. Da man die belastenden Schicksale nicht erklären kann, führt man sie auf das Wirken von überirdischen Mächten zurück und versucht deren Gunst zu erlangen. Wenn man statt vieler göttlicher Mächte eine einzige Macht annimmt, dann ergibt sich eine einfache Welterklärung, aber auch mit einem gewichtigen Nachteil. Die Welt wird ärmer, und die monotheistischen Religionen verlieren die Toleranz, die den Polytheismus auszeichnete. Die monotheistischen Religionen werden auch intolerant gegenüber der Philosophie. Hume plädierte für eine unvoreingenommene Einstellung gegenüber Aberglauben wie Glauben sowie gegenüber allen Verheißungen von Deismus und Theismus. Es ist die Toleranz, die zu unseren immer wieder beschworenen Werten gehört.

Die Toleranz, die wesensmäßig die Menschenrechte beinhaltet, darf heute als Erbe der Aufklärung gelten. Die Angst vor Verlust sogenannter religiöser Wahrheiten hatte der Aufklärung den Kampf angesagt. Die Niederlage war zweifach. Die religiösen Wahrheiten haben sich überlebt, und der Einfluss der konservativ ausgerichteten Kirchentümer geriet bis heute immer mehr ins Abseits. Zukunft haben heute eine von der Aufklärung ausgehende

Religion/Theologie wie auch von daher sich verstehende Mitglieder der Kirchen.

Weder ist die Aufklärung atheistisch, wobei unbedeutende Ausnahmen die Regel bestätigen, noch ist sie inhuman, denken wir an ihre Forderung der Menschenrechte. Es geht ihr nach wie vor um Gott und das menschliche Leben, individuell wie kollektiv. Durch die Betonung der Freiheit hat sie die Menschen von der Engstirnigkeit und dem Ballast der Tradition befreit und Zukunft eröffnet. Die Unaufgeklärtheit zeigt sich heute überall als Belastung. Sie hat weitgehend die Religion in Verruf gebracht. Ein Ende ist leider noch nicht abzusehen.

Die Wende im Denken - Kant und der Idealismus

Es war eine Grundüberzeugung der Aufklärung, Religionsphilosophie ist wesentlich Moralphilosophie. Nach **Kant (1724-1804)** setzt aber die Moralphilosophie nicht die Religionsphilosophie voraus, sondern die Ethik ist der Inhalt und die eigentliche Basis der Religion. Der Gottesglaube ist somit ein nachträglicher Bestandteil der Ethik. Denn primär ist Religion Praxis, oder wie Kant im „Streit der Fakultäten" (1798) sagt: "Alles kommt in der Religion aufs Tun an". Die Moral führt zur Religion und nicht umgekehrt. Auch hier zeigt sich in seinem Denken eine Wende, die er selbst mit der des Kopernikus verglich.

Nach einer abwertenden Kritik der bisherigen Gottesbeweise spricht er von einer philosophischen Gotteserkenntnis, die von dem Begriff Moralität ausgeht. Dann ist Gott nicht ein Gegenstand des Wissens, der objektiven Erkenntnis, sondern des Hoffens. Gott ist eine zielgerichtete Vorstellung der reinen praktischen Vernunft. Im Gedankengang der philosophischen Ethik sind nach Kant die notwendigen Voraussetzungen dieses höchsten Gutes Postulate der reinen praktischen Vernunft. Diese Postulate sind nicht Gegenstände des Wissens, auch keine

Aufforderungen, sondern theoretische Annahmen, um ethische Ziele jenseits des Konkreten verstehen zu können. Kant nennt drei Postulate: Unsterblichkeit, Freiheit und Gott. Freiheit und Gott sind Realitäten der moralischen Welt. Beide sind also nicht etwas, was man beweisen kann; es sind unumgängliche Erfordernisse, um das Leben mit seinen Aufgaben entsprechend zu führen. Kants zuvor dargelegte Kritik an dem grenzüberschreitenden Wissenwollen der Aufklärung wird durch die Postulate, die der moralischen und nicht der Erkenntniswelt angehören, als richtig bestätigt. Das zu sehen ist wichtig, da die Aufklärung nicht nur von der „Allmacht" der Vernunft besessen ist, sondern auch ihre Grenzen kennt.

Kant sieht die Postulate der rein praktischen Vernunft als notwendige Voraussetzung, um das höchste Gut als Möglichkeit zu denken. Nochmals sei betont, Postulate sind nur Ideen, keine Objekte des Wissens, also nicht durch Untersuchungen zu erwerben. Es sind Glaubensannahmen, die jeder in irgendwelcher Form hat. Unsterblichkeit ergibt sich aus der notwendigen Bedingung, das moralische Gesetz vollständig zu erfüllen, was auf dieser Welt und in dieser Lebenszeit nicht möglich ist. Und Kant fährt sinngemäß fort: Also bietet die Unsterblichkeit die Möglichkeit der Erfüllung in der zukünftigen Welt durch Gott. So haben die menschliche Seele und Gott keine theoretische, sie haben eine praktische Existenz. Ihr Dasein ist durch das Sittengesetz bewiesen. Der Mensch steht unter dem Sittengesetz. Deshalb ist er durch Vernunft genötigt zu glauben an die Unsterblichkeit der Seele und an das Dasein Gottes. So sind Gott wie Unsterblichkeit Wirklichkeiten, aber als seiend empirisch nicht feststellbar, da sie der moralischen Welt angehören. So dürfen wir - ganz in der Linie Kants - hoffen, dass die Tugend durch Glückseligkeit belohnt wird. Wir werden dann glückselig, wenn wir unsere Pflicht erfüllen.

Unser Vernunftgebrauch ist aber nicht immer vollkommen.

Auf einen Ausgleich können wir nur hoffen. Das „höchste Gut" verbindet in sich den vollkommen moralischen Willen mit der Ursache aller Glückseligkeit, derer wir im Leben nie ganz würdig werden können. Da wir durch unsere Vernunft der geistig moralischen Welt angehören, ist es vernunftentsprechend, eine geistige Dimension als zukünftige Welt anzunehmen. So sind Gott und eine zukünftige Welt verbunden. Darum heißt der Ausblick des jetzigen Lebens auf das höchste Gut Hoffnung.

Man kann auch sagen, die von Kant konzipierten Postulate sind selbstgesetzte Zielvorgaben als Voraussetzungen, um ethisch vernünftig zu leben, um dem Leben eine Richtung geben zu können. Ich habe den Eindruck, man sieht die Moral zu sehr als Erfüllung einzelner Pflichten oder Gebote. Das Gegenteil ist eine Lebenshaltung. Und um die geht es meiner Meinung nach bei Kant. Die Freiheit prägt das neuzeitliche Menschenverständnis. Gott ist Mittelpunkt und Ziel des Daseins. Die Unsterblichkeit kann nur erhofft werden; und dann bekommt auch alles einen Sinn.

Das Ganze ist nach Kant lebensentsprechend und logisch, enthält aber Begriffe, deren Inhalt nicht handfest zu beweisen ist. Das zeigt einmal wieder das Problem der Lebensauffassungen, die nie voraussetzungslos sind, insbesondere die religiösen, die als solche Glauben voraussetzen. Hier könnte man überlegen, ob und wie die kantischen Postulate Gott, Unsterblichkeit, Freiheit mit der paulinischen Trias Glaube, Hoffnung, Liebe (1Kor13) in Verbindung zu bringen sind. Es könnte ein Beispiel sein, wie Religion und Philosophie in Lebensfragen sich gegenseitig ergänzen.

Da es um Kants Gottesauffassung geht, wird das Postulat Freiheit nicht erörtert.

„Außer der Vernunft ist nicht, und in ihr ist alles", so **Schelling (1775-1854)**, was die Philosophie nach Kant einleiten soll. Diese ging in die Geschichte ein als deutscher

Idealismus. Er war bestimmt von einer Aufbruchsstimmung. Schelling hatte mit Hölderlin und Hegel in Tübingen zunächst Theologie studiert. Man war gegen die Theologie des Sündenfalls, der Verderbtheit der Menschennatur und den Glauben an den "Fürsten der Welt". Darüber hinaus galt für das Tübinger Dreigestirn Roussaus Lehre, dass der Mensch grundsätzlich gut ist. Die griechische Dichtung wie die von Goethe und Schiller u.a. verstärkte die positive Stimmung. Schelling hatte neben dem Theologiestudium in Tübingen und nach der Begegnung mit Fichte auch für sich noch Naturwissenschaft studiert. Ziel war eine Wiedergeburt des Denkens, in der Gott und Welt nicht gegeneinander stehen. Gegen Fichtes einseitige Betonung des Ich wollte er zeigen, das Ich ist nicht ohne Natur, und Natur ist vom Geist geprägt. Geist ist die in allem wirkende Macht. „An dem, was täglich und vor unseren Augen geschieht, ist kein Zweifel möglich, es ist produktive Kraft in Dingen außer uns. Eine solche Kraft aber ist nur die Kraft des Geistes."

Womit wir es zu tun haben, sind nicht einfach materielle Dinge. „Sie können nur Geschöpfe, nur Produkte eines Geistes sein". Im Gegensatz zu Fichte ging es Schelling um ein System von Natur und Geist, denn das Ich kann einfach nicht allein sein, „ alles sei vielmehr Ich". Das Ich kann aber nicht, wie Fichte lehrt, das Nicht-Ich setzen, sondern dies ist vielmehr die Voraussetzung des "Ich". Der Mensch als Geistwesen kommt von der geisterfüllten Natur. So entstand der sogen. Objektive Idealismus, den Hegel weiterführte. Diese Grundstruktur des Denkens ging in die Geschichte ein als „Identitätsphilosophie". Danach bildet alles Seiende einen einzigen Prozess als Aufstieg zum Geist; und zwar in einem Stufensystem vom Organischen zum Pflanzlichen, von da zum Animalischen und zum subjektiven Geist und auch zur Geistesgeschichte. Lag in der Frühphase des-Idealismus der Akzent auf dem Idealen, so in der Spätphase der schellingschen Philosophie mehr auf dem Realen, dem rauschhaften Sein, dem Vitalen, dem Triebhaften, dem Dynamischen.

Die Welt mit ihren eminenten Bewegtheiten wurde entdeckt. Dabei interpretierte Schelling das Reale als das kontrahierende Prinzip und das Ideale als das expandierende. Das Reale schafft, indem es sich kontrahiert, das einzelne Seiende; es ist der Grund der Existenz. Es führt aber als einziges Prinzip zur Verschlossenheit. So ist das Dasein gefährdet. Deshalb bedarf das Reale notwendig des Idealen, des expandierenden Prinzips, eines Prinzips der Gemeinschaft. Das Reale als Prinzip der Egoität braucht als Gegenmacht die Liebe, die das Reale der Dunkelheit entreißen kann. So ist Dasein nur möglich, wenn die Macht des Realen begleitet wird von der Macht des Idealen. War bisher das Reale, wie früher schon gesagt, das expandierende Prinzip, so ist in der Spätphase das Reale expandierend und das Ideale kontrahierend. Dabei ging es Schelling um die Rehabilitierung des Vitalen, das er im christlichen Humanismus im Gegensatz zur platonischen festzustellen glaubte.

Es ist nicht einfach, diese Gedankengänge nachzuvollziehen. Es entspricht aber ganz neuzeitlichem Denken, aus der weltlichen Wirklichkeit, die grundsätzlich in ihrem Vollzug hin und her bedacht wird, allmählich über einen weiten wie tiefen Humanismus zur Transzendenz denkerisch vorzustoßen.

Schellings bohrendes Denken offenbart sich auch an einem weiteren Punkt, in dem er zwischen Gott und einem (Ur)Grund in Gott unterscheidet. Aus diesem Ur- oder Hintergrund, der Gott eigentlich nicht selbst ist, woraus aber auch Gott seine Existenz hat, ist alles geworden, so Schelling. Nochmals: Den Grund für alles, "was in Gott selbst er selbst nicht ist, d.h. in dem, was Grund seiner Existenz ist", begreift er wie einen Ursprung allen Seins, auch Gottes.

Unter dem naturromantischen Einfluss des Mystikers Böhme (1575-1624) sieht er den ewig Einen von Sehnsucht geleitet, sich selbst zu gebären. Diese Sehnsucht ist nicht vom Verstand bestimmt. Sie ist ein Wille ohne Verstand, der aber nach Verstand strebt. Durch die Sehnsucht bestimmt bringt Gott eine Vorstellung hervor, "die der in Gott gezeugte Gott selbst ist: Das Wort Gottes". Der Grund der Wirklichkeit ist dann nicht mehr in einer höchsten Vernunft, sondern in einem vernunftlosen Streben, aus dem Gott als Geist hervorgeht. Der Grund der Wirklichkeit ist folglich ursprünglicher als die göttliche Vernunft, die erst sich entwickelnd wird. So ist es ein vernunftloses Streben, aus dem die göttliche Vernunft, Gott als Geist, hervorgeht.

Gott ist somit nicht von Anfang an fertig. Gott beginnt bewusstlos wie in einem Dunkel und wird immer bewusster. Durch diese Differenzierung in Gott kann dann auch die Schöpfung beginnen. Im göttlichen wie im menschlichen Bereich besteht somit Leben im Prozess der Bewusstwerdung. Dass dann die Geschichte des Werdens der Welt als Wirklichwerden Gottes verstanden wird, ist einleuchtend, allerdings neu. Bisher wurde über allen, vor allem über allen natürlichen Werdeprozessen Gott als ein absolut ewig gleichbleibendes Sein begriffen. Im Gegensatz dazu Schelling: "Gott selbst muß die ganze Tiefe und die schrecklichen Kräfte des Seins empfinden" bevor es zur Schöpfung der Welt kommt. Das Werden der Welt geschieht so im Kampf und Streit. Diese Gottesvorstellungen und deren Begrifflichkeit sind sehr menschlich. Aber biblische Texte einschließlich der Theologie sind nur anders, aber im Prinzip nicht viel anders, auch sehr menschlich.

Ein weiterer Schritt Schellings erfolgte in der Wende zur Geschichte. Die Weltwerdung Gottes geschieht in der Entwicklung menschlichen Bewusstseins. Im religiösen Bewusstsein wird es vom Mythos zur Offenbarung Gottes, und das in drei Stadien gesehen. Im ersten Stadium war das

Bewusstsein der Menschen mit Gott verbunden, im zweiten trat eine Entfremdung zwischen Mensch und Gott ein. Auf der dritten Stufe geschah deren Überwindung.

Eine besondere Bedeutung als Verstehensmöglichkeit von Vergangenheit wie Gegenwart kommt der Mythologie zu. Denn der Mythos ist „für die Bestimmung des gegenwärtigen geistigen Zustandes der Menschheit ... ein notwendiges Moment".

Wenn Schelling von natürlicher Theologie spricht, dann meint er nicht die mit philosophischen Begriffen argumentierende Theologie oder Religionsphilosophie, sondern ein natürliches Vermögen, Gott zu "setzen"; vielleicht darf man dazu auch sagen, Gott im Innern denken. Ab 1806 ist für Schelling Gott im Anfang „absolute Indifferenz", eine Macht, die das Reale und Ideale in sich birgt und unentfaltet besitzt. Beweis: Gott des AT war Feuer und Leidenschaft. Im christlichen Denken Liebe. Schelling jetzt: Gott ist Licht und Nacht, Verstand und Wille, Liebe und Strenge. Gott ist faszinierend und furchterregend, „Gott ist etwas Realeres ... und hat ganz andere und lebendigere Bewegungskräfte in sich, als ihm die dürftigere Subtilität abstrakter Idealisten zuschreibt". Abweichend vom übrigen christlichen Denken ist die Welt nicht aus dem Nichts entstanden, sondern aus Gott, und das wirklich. Die Welt ist eine aus Gott entfaltete. Was in Gott impliziert ist und zu seinem eigenen Sein gehört, ist von Gott freigegeben. Denn Freiheit kommt allem Sein zu. Sie ist Zeichen allen Seins. Ein absolut freier Grund, der auch nicht das Eigentliche Gottes ist, ist als Basis des Seins zu begreifen.

So wird die Entwicklung des religiösen Bewusstseins zur Offenbarung Gottes im menschlichen Denken. Religion ist eine geschichtliche Gegebenheit. Wenn darum Schelling von natürlicher Religion spricht, dann meint er nicht die mit philosophischen Begriffen argumentierende Theologie, sondern, wie oben schon erwähnt, ein natürliches Vermögen, Gott zu „setzen", vielleicht darf man sagen, in vorrationaler Weise Gott innerlich erleben. Dazu würde passen, dass Offenbarung eine Enthüllung göttlichen Lichtes ist, keine Mitteilung von Lehren, sondern Sein und Wirken. So deutet Schelling die Christologie mehr als Faktum, nicht als Lehre, d.h. als Ereignis und weniger als Verkündigung. Wenn Religion als geschichtliches Geschehen begriffen werden soll, dann nicht in der traditionellen Begrifflichkeit, sondern in ihrer Selbständigkeit, sie ist die „außerlogische Natur der Existenz". Die gemeinte Existenz lässt sich mit den Begriffen des Denkens nicht recht begreifen, denn sie ist, wie schon gesagt, v o r allem Denken, deshalb unvordenklich. Dazu passt die unbeantwortbare Frage: "Warum ist überhaupt etwas, warum ist nicht nichts? Kürzer: Warum ist Sein und nicht vielmehr Nichts? Die Wirklichkeit ist hinter- und tiefgründiger, als dass sie sich rational ergründen lässt. Schelling plädiert darum für eine neue Philosophie, die das Problem der Existenz zum Gegenstand hat. Die bisherige soll nicht verdrängt, aber ergänzt werden. Sie stieg zur Idee Gottes auf (philosophia ascendens), aber nur zu einer Idee. Die neue Philosophie macht es umgekehrt, sie steigt (philosophia descendens) vom wirklichen, dem in der Geschichte sich offenbarenden Gott in die weltliche Wirklichkeit herab. Wird die tradierte Philosophie zu Ende gedacht, dann entsteht das Bedürfnis, die wahre Wirklichkeit intuitiv zu erfassen. Dieses Bedürfnis ist nicht von der Logik bestimmt, sondern von der Erfahrung, besser gesagt, vom Existenziellen. Nach der neuzeitlichen Mentalität geurteilt, darf man sie vielleicht sehen als vom mystischen Empirismus in Einheit mit der rationalen Philosophie geprägt.

Die eigentliche Wirklichkeit, das Sein in seiner Offenheit zur Transzendenz, die ja , wie von Schelling gedeutet, deszendent ist, ist ein Existenzerlebnis, das Erfahrung (Empirie) wie Denken (Rationalität) beinhaltet. Der Ausgangspunkt, eine Art Basisbegriff, ist die Intuition. Sie öffnet die Existenz zur ganzen Wirklichkeit.

Nicht primär das begriffliche Denken, auch nicht die praktische Vernunft (Kant), sondern eine fundamentale Denkweise, die bestimmt ist von der Intuition, der Primär-Erfahrung des Ganzen, ermöglicht alles weitere Denken. Schelling fragt nach den Voraussetzungen des Denkens überhaupt; danach zu fragen, gehört sicher zur Philosophie. So ist es auch philosophisch legitim zu fragen nach der Voraussetzung, Gott zu denken. Vielleicht erklärt das auch den Zwiespalt im Göttlichen zwischen Gott und dem Urgrund in Gott. Man darf - das gilt für die ganze Tradition - wie Schelling das Ganze, auch die Transzendenz, neu denken.

Die Wirklichkeit in ihrer Dynamik, das Sein als Werden, dabei Gott als geheime und bleibende Wirkmächtigkeit zu verstehen, ist eine Sichtweise, die dem weiteren religionsphilosophischen Denken einen Weg gewiesen hat. Das bisherige Denken über Gott war metaphysisch statisch und damit nur teilweise wirklichkeitsinterpretierend, was zu einem einseitigen Denken in Bezug auf Gott führte. Insofern ist Schellings Religionsphilosophie ein beachtlicher Meilenstein, das Sein als Werden im Hinblick auf Gott neu zu denken.

Hegel (1770-1831) hat wie Fichte und Schelling zunächst Theologie studiert. Das philosophische Denken, das nach seiner Sicht eine Synthese beider Disziplinen anstrebte, ist im weiteren Verlauf seines Philosophierens so dominierend geworden, dass nach seiner Vorstellung die Religion in die absolute Philosophie aufzuheben sei.

Hegel ging es um das Ganze, d.h. die lebendige Einheit von Unendlichem und Endlichem. Unsere Erkenntnisse, die sich auf die verschiedensten Sachverhalte beziehen, sind wohl verschieden, sie werden aber durch die Vernunft vereint. Der Verstand richtet sich auf die einzelwissenschaftlichen Erkenntnisse, die Vernunft sieht das Ganze, worin nach ihm die Wahrheit besteht. Und damit sind wir auf dem Weg zu der Frage nach Gott. Da neben Kant Hegel zu den wichtigsten Denkern des 19. Jahrhunderts gehört, ist seine Philosophie in Bezug auf die Gottesfrage nicht nebensächlich.

Die Philosophie seiner Zeit sah Hegel als Verstandesphilosophie, da in ihr, wie er sie sah, die Kraft des Beschränkens, der Verstand, dominiere. Demgegenüber betont Hegel: „Das Prinzip der Unabhängigkeit der Vernunft ... ist von nun an als allgemeines Prinzip der Philosophie anzusehen".

Die Metaphysik wird dynamisiert. Das Sein oder was ist, erfährt durch die ursprüngliche Aufhebung, die auch dem Gegenteil widerfährt, das Eingehen in eine Neuheit. Beide werden zu einer Synthese. Sein und Nichtsein sind aufgehoben im Werden. Position, Negation, Neutrum ist eine kurze Formel für dieses Seinsgeschehen. Hegels Dialektik bestimmt so das natürliche Werden, das Weltgeschehen wie jegliche Geschichte und kann in der Weise auch zur Struktur der Ideen- und Geistesgeschichte werden. So entsteht für eine Philosophie des Seins schlechthin eine Philosophie des Werdens. Das Absolute ist Werden und deshalb selbst auch ein Werdeprozess. Um das Werden noch gründlicher zu durchdenken, macht Hegel eine Anleihe bei Fichte.

Für Fichte liegt dem Bewusstsein Wissen und Sein notwendig zugrunde. Um die Grundstimmung des Bewusstseins zu gewinnen, entwickelt Fichte den dialektischen Dreischritt Thesis, Antithesis und Synthesis. Dieses das individuelle Bewusstsein in seiner Funktion erklärende Denkschema übernimmt Hegel und dynamisiert das Sein als solches zum Werden. Dabei wird der Thesis nicht einfach das Gegenteil entgegengesetzt, sondern die Antithesis wird als in der Thesis enthalten gesehen, um dann beide auf das Höhere, die Synthesis zu beziehen, besser, zu erheben. Dann ist Sein gleich Nichts, weil aufgehoben im Werden.

Sein ist gleich nichts. Das ist gegen das Nichtwiderspruchsprinzip wie gegen das der Identität. Um Hegels Denkform zu begreifen, muss man sich erinnern, dass Hegel zunächst Theologie studierte und die Bibel in seinem Denken eine wesentliche Rolle gespielt hat. Hier wird durch unzulängliche Begriffe oder Worte, durch Gegensätze oder Widersprüche absolut Unzugängliches versucht begreiflich zu machen. Konträre Gleichsetzungen von Gott, Wahrheit, Geist, Leben und Weg bestimmen das Denken. Der Logos (das Wort) war am Anfang über dem Wasser oder dem Nichts, wie man es später gesehen hat. Durch den Logos ist alles geschaffen. Er ist das Licht der Welt. Als Jesus kommt er in die Welt, indem er Mensch aus Fleisch und Blut wird. Und die an ihn glauben, werden Kinder Gottes.

Hegels Idee ist: Am Anfang ist Geist, ist Gott, ist Licht und ist Leben. Um alle zu Gott zurückzuführen, wird die Idee konkret, fleischlich. Als Hegel in der Frühzeit seines Denkens ein „Leben Jesu" schreiben will, beginnt er mit dem Satz: „Die reine, aller Schranken unfähige Vernunft ist die Gottheit selbst." Sie ist die alles umfassende Unendlichkeit. Hier denkt Hegel, bildlich gesprochen, von oben, von Gott her.

Da es ihm um das Ganze geht, das der Weltgeist schafft, trägt, umfasst, darin nach und nach Wirklichkeit wird, werden das Denken des Menschen, der die Dinge als seiend erkennt und das Denken des Weltgeistes, der die Dinge, indem er sie denkt, erschafft, identisch, sodass Denken, Wahrheit und Sein zusammenfallen. Folglich sind Geist und Natur Erscheinungen der Idee. Diese ist nach Hegel selbsttätig und entwickelt sich für sich selbst weiter.

Als er seine Logik verfasste, heißt es in der Einleitung: Die Logik ist sonach als das System der reinen Vernunft, als das Reich des reinen Gedankens zu fassen. Dieses Reich ist die Wahrheit, wie sie ohne Hülle an und für sich selbst ist. Man kann sich deswegen ausdrücken, dass dieser Inhalt die

Darstellung Gottes ist, wie er in seinem ewigen Wesen vor der Erschaffung der Natur und eines endlichen Geistes ist." Die Zeit, in der Hegel das schrieb, bezeichnete er als „philosophischen Karfreitag", und er sah seine Aufgabe darin, Gott zu neuem Leben zu erwecken. Nach Kant war Gott philosophisch nicht beweisbar, nach dem Theologen Schleiermacher (1768-1834) nur erlebnis- und gefühlsmäßig zugänglich, nicht durch Vernunft, sondern durch unmittelbare Gewissheit. Hegel folgert entsprechend dem Zeitgeist und seinem Denken: "Gott ist tot". Gemäß seinem Denken kam er aber zu der Auffassung, es liege im Wesen Gottes zu sterben und auch wieder zu leben. Deshalb will er einen lebendigen Gott erklären. „Wenn wir die Lebendigkeit in ihrer Wahrheit auffassen, so ist sie ein Prinzip ... dieses einen Systems: ... nicht ein Aggregat (Ansammlung) von vielen gleichgültigen Akzidenzien (Eigenschaften), sondern ein System der Lebendigkeit". Das heißt, dass das Universum Leben, Wahrheit, Gott ist. So erscheint das Letzte und Innerste der Evolution zunächst als tot, aber der Entwicklungsprozess wird vom Innersten bestimmt, überstrahlt von Leben und Wahrheit, die Gott ist. So ist das Ganze im Vollzug ein Geschehen Gottes.

Ein Grundbegriff hegelschen Denkens ist Leben. So kann er sagen: „Die Entwicklung des Geistes ist Herausgehen, Sichauseinanderlegen und zugleich Zusichkommen". Das gilt universal. Es ist nicht schwer, darin die Vorstellung von Leben mit seinem Wachstum zu erkennen, ähnlich wie in der Dialektik von These, Antithese und Synthese.

Hegel geht es um die Wahrheit, die sich philosophisch gedacht im Ganzen zeigt. Um dahin zu gelangen, dient die Dialektik. Diese sieht Hegel verwirklicht in den Bewegungen der Materie sowie im Organischen und auch in geistigen Vollzügen. Im Leben des menschlichen Geistes zeigt es sich in Kunst, Religion und Philosophie. Recht, Sitte, Staat, Weltgeschichte gehören dazu, sind aber nicht unser Thema. In Religion und Philosophie kommt also der

Weltorganismus zum (Selbst-)Bewusstsein. Folglich sagt Hegel: "Der Mensch weiß nur von Gott, sofern Gott im Menschen von sich selbst weiß; dies Wissen ist das Selbstbewusstsein Gottes. Der Geist des Menschen, von Gott zu wissen, ist nur der Geist Gottes selbst".

Die Frage, die sich im Sinne Hegels stellt, ist die: "Wie kommt Gott dazu, sich zu einem schlechthin Ungleichen zu entschließen?" Die Antwort, die Hegel gibt, heißt: "Die göttliche Idee ist eben dies, sich zu entschließen, dieses Andere aus sich herauszusetzen und wieder in sich zurückzunehmen, um Subjektivität und Geist zu sein."

Im 19. Jahrhundert wird alles prozesshaft gesehen, die Natur, die politische Geschichte, die Entstehung des Menschen, die Kultur in ihrer Vielfalt und auch das, worauf sich die Religion bezieht. Weiterhin wurden Transzendenz und Immanenz durch die modernen Wissenschaften bedingt auseinandergerissen. Gott wurde dann immer funktionsloser, was zum „Tod Gottes" führte. Hegel konnte anscheinend die Welt, die in der Neuzeit immer mehr als eine umfassend geschichtliche gesehen wird, ohne den Kulturfaktor Gott nicht begreifen. Biblische Weltsicht und ihr Geschichtsdenken, griechische Philosophie und ihre Metaphysik, das philosophische Denken der Neuzeit und das Begreifen der Welt in ihrem Werdeprozess haben Hegel dazu geführt, Gott in einer sich dynamisch vollziehenden Geschichtlichkeit, die eine Alternative zur Tradition ist, zu sehen, aber dennoch auch mit Elementen der Tradition zu interpretieren.

Das System Hegels gliedert sich in Logik mit ihren genannten Bereichen, in Naturphilosophie und Philosophie des Geistes. Für Descartes war Natur die ausgedehnte Materie, res extensa. Hegel sieht diese neu. Für ihn ist sie die andere Idee. Hier zeigt sich wieder, wie Hegel von der Theologie her zu verstehen ist. In der Natur hat sich der Logos entäußert, er wurde Geist. So ist aber auch jegliche Geschichte nicht einfach eine Abfolge von Fakten oder

Geschehnissen. Sie ist Entwicklung, ein Zu-sich-selbst-Kommen dieses Geistes. Deshalb folgt auf die Naturphilosophie die Philosophie des Geistes, denn der Geist ist das Ziel des Naturprozesses. Bei-sich-sein der Idee ist der Geist als zurückgekehrte Idee. Auch der Geist hat Stufen: Es sind der subjektive Geist (Anthropologie), der objektive Geist (Recht, Moral, Sitte) und der absolute Geist, der sich zeigt in Kunst, Religion und Philosophie, wie oben schon aufgezeigt. Nach unserer Vorstellung ist Religion die Lebensüberzeugung eines Menschen, das persönliche Vertrauen in Gott. Das ist individuell, anthropologisch gedacht. Nach Hegel ist „Religion die höchste Bestimmung der absoluten Idee selbst. Das ist über das Persönliche und Kosmische hinausgehend universal gedacht. Deshalb ist das Absolute vorrangig der Gegenstand der Religion wie der Philosophie.

In der Philosophie wird das Absolute begrifflich gedacht, in der Religion vorgestellt. Vorstellung ist als Gegenbeispiel zur Kunst zu nehmen, die darstellt. Da Religion „Wissen von Gott" beinhaltet, ist sie „die höchste Stufe menschlichen Bewusstseins". Philosophie ist „die sich denkende Idee, die wissende Wahrheit", die Erkenntnis dessen, was ewig ist, was Gott ist und was aus seiner Natur fließt". So kommt Gott im menschlichen Denken zum Bewusstsein.

In diesem Gedankengang ist auch die Dreifaltigkeit zu sehen, wobei die hegelsche Dialektik als Grundlage oder Rahmenbedingung dient, die das trinitarische Gott-Denken ermöglicht und bestimmt. Gott als Vater ist die ewige Idee an und für sich, der Sohn ist die Idee der Erscheinung innerhalb der endlichen Natur, der Geist ist die Rückkehr aus der Endlichkeit zur Einswerdung von Vater und Sohn, Geist und Natur, Gott und Welt. Gemäß Hegel darf man sagen, das „Wissen des göttlichen Geistes" als Einheit von Unendlichkeit und Endlichkeit geschieht so in der Universalgeschichte; und durch dieses Geschehen vermittelt sich der göttliche Geist im menschlichen Geist. In der Weise wird Gott erkannt und gelehrt. Und da der Philosoph das Ganze, die seiende Wirklichkeit „sieht", „ist die sich denkende Idee, die wissende Wahrheit", „die Erkenntnis dessen, was Gott ist und was aus seiner Natur fließt", eine das Leben bestimmende Wirklichkeit.

Das Denken der Neuzeit vollzieht sich im verstandesmäßig bestimmten Rahmen (Wissen ist bestimmt von der Wissenschaft) und ist auch philosophisch, weil sehr disziplinär denkend, begrenzt. Hegel denkt im Rahmen des Ganzen, universal.

Gott zu denken, ist immer ein Versuch, ob es die biblischen Autoren sind, die griechischen Philosophen, die philosophisch denkenden Theologen des Mittelalters, Luther und sein Gefolge; sie alle denken verschieden von Gott, bisweilen sehr verschieden. Nur die Verteidiger des „wahren Glaubens" nicht. Man denke an das erste Vaticanische Konzil , das vom Beweisen Gottes spricht. Dennoch gilt: Im Hinblick auf Gott gibt es nur Denkwege, so Thomas von Aquin. Der, auf den sich viele berufen, spricht nur von Wegen, nicht von Beweisen. Gott gedanklich näher zu kommen, macht Sinn. Beweisen können wir ihn nicht, so wie wir vieles Sinnvolle im Leben nicht beweisen können. Unser Leben ist nun mal bestimmt vom Vertrauen ins Ganze.

Die Moderne

Wenn ich recht sehe, geschieht in der Philosophie des 19. Jahrhunderts ein Einbruch im Verständnis der Wirklichkeit. Für Hegel war das Ganze die Wirklichkeit, d.h. die von den 3 kulturbildenden Faktoren umfassende, von denen er im Denken ausging. Fraglich war nicht das Ganze als solches, aber die Zuordnung dieser Faktoren zueinander, da diese einmal, undifferenziert gesagt, zu sehr identifiziert und dann zu isoliert gesehen wurden, und das jeweils anscheinend oder scheinbar mit guten Gründen. Jetzt ist weder der Ausgangspunkt noch die zu bedenkende Wirklichkeit das Ganze. Das eingeschränkte Ganze, d.h. die von der konkret alltäglichen und wissenschaftlichen Erfahrung eröffnete Welt, ist Dreh- und Angelpunkt. Dass es in der Moderne besonders um den Menschen geht, ist offensichtlich und bedarf als Tatsache keines Beweises. Erwägenswert sind die Gründe, die diese moderne Besonderheit des Faktors Mensch beinhalten. Sie betreffen eine Entwicklung, die nicht nur das Gesamte verändern, sondern auch die Einzelheiten betreffen. Ab der Französischen Revolution gewinnt der Bürger in einem Jahrzehnte langen Prozess nach und nach individuell wie sozial-politisch Bedeutung. Nennen wir das kurz Aufwertung. Veränderungen in Gesellschaft und Politik sowie in Kirchen, vor allem Einzelwissenschaften und Technik, verändern die Grundlagen wie den Rahmen gesellschaftlichen Lebens.

Das modern Säkulare, die Eigengewichtigkeit des bürgerlichen Lebens, zeigt sich neben anderem im Entstehen außerkirchlicher Feste und entsprechendem Brauchtum. Gewiss gab es im 19. Jahrhundert Gruppen, die noch kirchlich, d.h. von der Tradition her ihr Leben verstanden und gestaltet haben. Die Theologie des 19. Jahrhundert und die kirchliche Praxis gingen gesonderte Wege, besonders im Protestantismus, was zukunftsweisend war. Eine Erörterung ist naheliegend, sie würde aber den Rahmen unserer Überlegungen sprengen. Trotz des Positiven muss man feststellen: Der Hintergrund des Lebens löste sich immer mehr von den religiösen Vorstellungen, was am Ende das Leben vervielfältigte und so reichhaltiger machte; auch das muss man zugestehen. Religiöse Vorstellungen blieben durchaus erhalten. Diese wurden aber einer scharfen Kritik unterzogen und zu bloßen Wunschvorstellungen oder Illusionen erklärt.

Der diese Kritik bis weit ins 20. Jahrhundert bestimmt hat,

war **Feuerbach (1804-1872)**. Er kam aus der Schule Hegels, deren Positionen er ablehnte, indem er Religion, Theologie und ebenso Philosophie ablehnte und den Menschen fast ausschließlich biologisch erklärte. Von der Zeitgeschichte aus gesehen ist die anthropologische Sicht verständlich. Das Denken, das den Menschen in seiner positiven Bedeutsamkeit aufgewertet hat, war zunächst die Aufklärung. Danach ist Kant zu erwähnen. Er sagt, als es ihm um folgende Grundsatzfragen geht, was kann ich wissen, was soll ich tun, was darf ich hoffen? Dann geht es zusammengefasst um die Frage, was ist der Mensch? Bei Fichte (1762-1814) begegnet uns die Rückbesinnung auf das Ich, das Ausgangs- und Mittelpunkt der Reflexion ist und dann in die überindividuelle Vernunft mündet. Für den Theologen und Philosophen **Schleiermacher (1768-1834)** geht es um die persönliche Erfahrung und nicht primär um Erkenntnisse der Religion. In dieser Linie der Zeitgenossen könnte man fortfahren, um aufzuzeigen, dass es in der Moderne, wenn auch jeweils verschieden, um den Menschen geht. Der Mensch ist Ausgangs- wie Mittelpunkt des Denkens. Das muss nicht in die Enge führen, eher kann sich ein Horizont der Weite und Tiefe eröffnen.

So viel zur zeitgeschichtlichen Einordnung, die nach meinem Verständnis immer als Voraussetzung eines Gedankensystems dient, das manches Überraschende wie auch Befremdende erklären kann und somit bedeutsam ist.

Feuerbach ging, wie erwähnt, über die Aufklärung, die Theologie und Hegels Philosophie weit hinaus. So lehrte er, die menschliche Natur ist nicht primär durch die Vernunft, sondern durch Sinnlichkeit ausgezeichnet. Deshalb sind Religionen eingebildete Vorstellungen der Menschen und zeigen, was sie gerne haben möchten. Unsterblichkeit, um immer zu leben, an Gott glauben, um Macht zu gewinnen. Diese in ihrem Ergebnis naturalistisch-sensualistische Menschendeutung hat er selbst so beschrieben: „Gott war mein erster Gedanke, die Vernunft mein zweiter, der Mensch mein dritter und letzter Gedanke". Nachdem Feuerbach erkannt hatte, dass es eine enge Verbindung zwischen philosophischen und theologischen Problemen gibt, hielt er die Philosophie seines Lehrers für eine verkappte Theologie. Und damit war auch die Verbindung zur Philosophie unterbrochen. Das hatte weitere Konsequenzen.

Da die Wahrheit nicht im Denken erkannt wird, sondern mit den Sinnen und der Erfahrung, in Anschauung und Liebe, setzt Feuerbach Hegels Geist die Sinnlichkeit entgegen. Das ist die Sinnlichkeit des empfindenden und liebenden Menschen. So hat die Religion ein sehr menschliches Gesicht im Gegensatz zur abstrakten Philosophie. Gegenüber deren Anspruch stellte er fest: „Wo keine Liebe ist, ist auch keine Wahrheit". Und wenn der Glaube sagt, Gott wird Fleisch, dann ist die Religion sehr menschlich. Hier wird deutlich, Feuerbach will die Religion nicht abschaffen; problematisch wird nur der Bezug zu Gott; stattdessen spielt das Ich-Du-Verhältnis eine große Rolle. Das wird deutlich in der nicht mehr transzendent sondern nach ihm immanenten Dreifaltigkeitsvorstellung, die wie folgt interpretiert wird. Gott als Vater ist das denkende Subjekt, der Sohn ist das gefühlsmäßige Bedürfnis des Ichs, sich auf ein Du zu beziehen. Und in liebender Gemeinschaft beider entsteht die Vorstellung des Hl. Geistes. Keine schlechte Erklärung des Kirchenglaubens. Nur ist sie nicht davon geleitet, einem Versuch des Gottesglaubens zu entsprechen, so wie es Jahrhunderte in Denkbemühungen zuvor getan haben, sondern aus der Vorentscheidung, Gott ist nicht, logische Konsequenzen, die durchaus sympathisch sind, zu ziehen.

In der Weise geht es weiter, wenn Feuerbach von der Dreifaltigkeit sagt, eine solch liebende Gemeinschaft bedarf der Ergänzung durch das liebend Weibliche. So kommt es zur Glaubensvorstellung der Gottesmutter Maria. Wiederum sehr menschlich. In dieser Linie bleibt Feuerbach, wenn er sagt, die in der Kirchengeschichte gelehrte Menschwerdung Gottes würde er als Idee der Gottwerdung des Menschen sehen. Aus dem Glauben der Menschwerdung Gottes wird die Idee der Gottwerdung des Menschen. Auf diese Weise wird dann aus Gottes Barmherzigkeit eine Menschlichkeit, die göttlich ist. Ein Beweis dafür, dass die scheinbar göttliche Natur des Menschen die Ursache ist, an einen Gott zu glauben, vermag ich nicht zu erkennen.

Einfach die Gottesprädikate umdrehen und zu menschlichen machen, ist zu einfach und zeigt einen Mangel an Wissen und Problembewusstsein. Dass der Mensch eine göttliche Natur hat, muss erst noch aufgezeigt werden, da er auch als „enttrohnt" gesehen wird. Da nach Feuerbach "Gott der Spiegel des Menschen" ist, sind alle Gottesbeweise, die die Unabhängigkeit von Menschen aufzeigen wollen, hinfällig. Wörtlich: „Ein Gott, der nicht für sich existiert, außer dem Menschen, über dem Menschen, als ein anderes Wesen, ist ein Phantom." Es wird also die Un- und Außermenschlichkeit zum wesentlichen Prädikat der Gottheit gemacht.

Zu der Einordnung Feuerbachs in das historische Umfeld gehören auch die Nachwirkungen. Dass das religiöse Bewusstsein auf das Menschliche verfremdend wirkt, hat auf Marx nachhaltigen Eindruck gemacht. Die vielzitierte Feuerbach-These: "Die Philosophen haben die Welt nur verschieden interpretiert, es kommt darauf an, sie zu verändern", wird bei Marx zur Devise, die Theorie der revolutionären Praxis unterzuordnen, um so eine neue Welt zu schaffen. Diese in ihrem Aufbau einzeln zu bedenken, sprengt den Rahmen unserer Überlegungen.

Nach einer mehr augenblicklichen Begeisterung für Feuerbach hat sich keine Schule gebildet. Die Ideen: Mensch statt Gott, Diesseits statt Jenseits, Bildung statt Glaube, das Menschliche als einziges Maß, gehören, wenn auch nicht kontradiktorisch, d.h. entweder als ja oder nein, eher sowohl als auch verstanden, zu unserer Kultur. Nach Gottfried Keller zeigt die Lebenswelt Feuerbachs die Tiefe des Diesseitigen. Darüber muss man nachdenken. Den Menschen menschlich zu verstehen und danach zu handeln, hat sicher schon das Leben vieler Menschen erleichtert, wenn nicht sogar gerettet oder wenigstens erträglicher gemacht. Dass es ohne Gott besser geht, widerlegen überstandene Lebenskrisen, wenn auch nicht immer eindeutig. Um damalige Zeitgeschichte mit ihrem teilweisen Überdruss an Religion zu verstehen, sei daran erinnert, dass der Papst zu Beginn des 19. Jahrhundert die Menschenrechte als gottlos verurteilt hat. Wenn es auch so schien, als habe man Gott verabschiedet, so blieb er weithin, ob bei kirchlich Gesinnten oder Kirchenfernen, dennoch der Hintergrund des Lebens- wie Weltverständnisses. Feuerbach konnte seine Idee, eine Schule ins Leben zu rufen, nicht verwirklichen, aber seine Ideen machten dennoch Geschichte, damals und heute.

Derjenige, der in den Turbulenzen des 19 Jahrhunderts und darüber hinaus bis ins 20. Jahrhundert eine besondere Rolle spielt, ist **Karl Marx (1818-1883)**. Wie andere im 19. Jahrhundert sah auch er den Menschen als Individuum und Gesellschaftswesen neu. Er stand, wenn auch nicht direkt, unter dem Einfluss von Hegel, aber mehr unter den philosophischen Erklärungen Feuerbachs. Ein Hinweis, er setzte sich mit den Problemen der Zeit, die ökonomisch und sozial bedingt waren, auseinander. In diesem Neuland hat er neue Lösungen gesucht und solche entwickelt. Uns interessiert hier nur die Religions- und Gottesfrage, zu der Feuerbach für Marx gleichsam die Einleitung lieferte.
Indem sich Marx immer mehr von der Philosophie entfernte, forderte er die Unterordnung der Theorie unter die Praxis und schrieb: "Der Hauptmangel des bisherigen Materialismus (den Feuerbachschen mit eingerechnet) ist, dass der Gegenstand, die Wirklichkeit, Sinnlichkeit, nur

unter der Form des Subjekts oder der Anschauung gefasst wird; nicht aber als sinnlich menschliche Tätigkeit, Praxis." Und er schloss sich Feuerbach an, indem er ihm zustimmend schrieb: „Die Philosophen haben die Welt nur verschieden interpretiert, es kommt darauf an, sie zu verändern".

Marx konzipiert nicht primär eine Lehre vom Wesen der Wirklichkeit, sondern eine Beschreibung des Verhältnisses von Denken und Sein, wobei die Ideen von den materiellen Gegebenheiten abhängig sind und nicht umgekehrt. Sieht man die Ideen als die eigentliche Ursache gesellschaftlicher Entwicklungen, so ist das nach Marx eine Ideologie. Die Behauptung, Philosophie, Recht, Moral und Theologie seien nur Überbau über der ökonomischen Basis, ist historischer Materialismus. Da die idealistische Geschichtsphilosophie nur ein Überbau der sozio-ökonomischen Basis ist, gibt es kein eigentlich philosophisches Interesse mehr.

Nachdem Marx das Arbeiterelend kennengelernt hatte, galt der Religion nur noch der Kampf. Allein der an sich selbst glaubende Mensch kann ohne Hemmungen für sich selbst sorgen. Deshalb muss nicht nur die christliche, sondern jegliche Religion als Ideologie beseitigt werden. Der Grund? Hier geht er über Feuerbach hinaus. Sie vertröstet auf eine bessere Welt, die es nicht gibt und ist deshalb „Opium des Volkes". Hier wird die Religion kollektiv gesehen, denn das Volk macht sich etwas vor. Religion ist eine Kollektivneurose. Ein kritisches Nachdenken über diese Neurose ist gesellschaftsanalytisch interessant.

Im Hinblick auf das Individuum sagt Marx: „Und zwar ist die Religion das Selbstbewusstsein, das Selbstgefühl des Menschen, der sich selbst entweder noch nicht erworben oder schon wieder verloren hat". Gegen die Religion mit ihrem Gottesglauben und gegen die Philosophie und ihre Metaphysik wird der Kampf geführt. Wie andere im 19. Jahrhundert träumt auch Marx vom Neuen Menschen. Dieser ist der Selbstentfremdung enthoben. Das ist das Ziel.

Keine absolut irreale, eher eine relativ reale Utopie. Denn da der entfremdende Kapitalismus nach und nach beseitigt wird, wird die Menschheit gleicher und der Mensch freier. Aus Opium wird Utopie. Die weitere Geschichte des Marxismus, soweit er den utopischen Weg nicht gegangen ist, geht auch in Bezug auf Religion über den ursprünglichen Marxismus und seine Triebkräfte weit hinaus und ist in unseren Überlegungen uninteressant.

Die Neuzeit und insbesondere die Moderne ab 1800 sind gekennzeichnet von Vielfalt. Es sind Weltanschauungen, Lebenshaltungen, Meinungen, Berufe, entstehende Wissenschaften u.a.. In Bezug auf die Religions- und Gottesfrage sind für mich Feuerbach und Marx typisch für diese Zeit, die man durchaus auch anders sehen und deuten kann.

Zu Marx und Feuerbach gehört auch **Freud (1856-1939)**. Er gilt als der Begründer der Psychoanalyse; eine Methode, unbewusst-unterbewusste Vorgänge im Innenleben des Menschen aufzuspüren und gegebenenfalls zu heilen. Freud ist von Feuerbachs Projektionsthese beeinflusst und sieht wie dieser Gott als eine menschliche Projektion.

Für Freud ist der Mensch vornehmlich ein Triebwesen. Ein doch neuer, wenn auch nicht vollkommen neuer Gesichtspunkt. Aber das Folgende ist so noch nicht gesagt worden. Durch die Eingebundenheit in soziale wie kulturelle Gegebenheiten muss schon das Kind Verzicht leisten, wodurch Konflikte entstehen. Deren Bewältigung führt zu Neurosen. Diese sind eine Flucht vor der harten Wirklichkeit, die man zu verdrängen sucht, hin zu einem Lösungsersatz, der das Problem aber nur scheinbar löst.

Religion ist nach Freud eine solche Zwangsvorstellung. Zwangsneurosen und religiöses Brauchtum (Riten) sind von Gewissensängsten beherrscht, bestimmten Ansprüchen nicht zu genügen.

Sieht man das von Freud beschriebene psychisch Ganze vom

Individuum aus, dann ist die Neurose eine individuelle Religiosität, sieht man es gesellschaftlich, dann ist die Religion eine universelle Zwangsneurose. Da dies alles ein Leben betrifft, das durch Religion bestimmt ist, wird ein solches Leben im Ganzen beherrscht von einer infantilen Illusion.

Freud illustriert das Gemeinte sehr anschaulich, wenn er sagt: Das kleine, „schwache, hilflose, allen in der Außenwelt lauernden Gefahren ausgesetzte Kind" wird vom Vater „beschützt und bewacht; in seiner Obhut hat es sich sicher gefühlt". Dann hat das Leben mit seinen Schwierigkeiten und Gefahren zugenommen. Jetzt ist das Kind erwachsen. Der Vater kann ihm, dem jetzt Erwachsenen, nicht mehr helfen. „Darum greift er auf das Erinnerungsbild des von ihm so überschätzten Vaters aus der Kindheit zurück, erhebt es zu Gottheit und rückt es in die Gegenwart und in die Realität". So wird Gott zum überhöhten Vater. An Stelle der Realität schafft der Mensch eine Illusion, die Religion. Religion ist dann infantil, denn der Mensch zeigt sich kindlich, der Realität nicht gewachsen.

Statt Infantilismus ist nach Freud Erziehung zur Lebenswirklichkeit angesagt. Im Bauplan der Welt ist das Glücklichwerden sowieso nicht vorgesehen. „Im Moment, da man nach Sinn und Wert des Lebens fragt, ist man krank, denn beides gibt es ja in objektiver Weise nicht". Illusion und Wünsche bringen nichts. Von dieser Krankheit soll sich der Mensch befreien. „Dadurch, dass er seine Erwartungen vom Jenseits abzieht und alle frei gewordenen Kräfte auf das irdische Leben konzentriert, wird er wahrscheinlich erreichen können, dass das Leben für alle erträglich wird und die Kultur keinen mehr erdrückt".

Dass die Religion kultur- und lebensfeindlich werden kann und auch heute leider da und dort ein solches Bild zeigt, bestreiten nur beschränkt Denkende. Dass ein zeitgemäß weites Verständnis von Religion mit einem absolut humanen

Gottesglauben Menschen in Extremsituationen auch schon lebensrettend geholfen hat, ist eine Tatsache. Auf einen gewiss extremen Beweis, der vielleicht nicht hinreichend bekannt ist, möchte ich hinweisen. Während der Nazidiktatur hat ein polnischer Priester, der anstelle eines zum Tod verurteilten Familienvaters freiwillig in den Todesbunker ging, eine einmalige aufopfernde Glaubenshaltung gezeigt. Hier ist Freud sicher wenigstens zu relativieren.

Sowohl für den Einzelnen wie für die Gesellschaft ist die Religion in der Moderne zum Problem schlechthin geworden. Das muss heute selbstverständlich bedacht werden. In Krisen sind bei scheinbaren oder anscheinenden Fehlentwicklungen von weiterführenden Vorhaben oder Zielvorstellungen diese, die einer Gesellschaft vielleicht sogar ein charakteristisches Gepräge geben, wenn etwas schief läuft, nicht gleich abzuschaffen, sonst müsste man die Demokratie auch beseitigen. Zeiten zwischen Niedergang und Aufstieg verlaufen nicht glatt, es gibt auch durch Fehler verursachte Fehlentwicklungen. Krisenzeiten erfordern viele Denkbemühungen, um das neu Entstehende im Vergehenden und umgekehrt erkennen zu können.

Zwischen dem 19. und 20 Jahrhundert steht **Nietzsche (1844-1900)** wie ein erratischer Block. Seine Philosophie ist eigentlich weder in die Tradition noch in die Moderne zu verorten. Es geht nicht um d i e Wahrheit, eher um s e i n e Wahrheit. Man könnte auch sagen, ihm geht es nicht wie sonst ums Erkennen, mehr ums Bekennen. So ist sein Denken für keinen und für jeden. Ich sage, die Philosophen, die sich mit Nietzsche auseinandersetzen, haben im Gegensatz zu ihm philosophiert, denn sie haben argumentiert. Mit seinen „Sinnsprüchen" hat er besonders bei Nichtphilosophen viel Anklang gefunden, so als habe er ihre Ansichten bestätigt. In Bezug auf die Gottesfrage ist er, auch weil umstritten, ein wichtiger Zeuge.

Schon zu Anfang seiner Lehrtätigkeit werden seine Gedanken, die er in Schriften veröffentlichte, von Fachleuten, die Philologen und Philosophen waren, abgelehnt, aber vom einfachen Bürgern als Neuheit begrüßt. Nietzsche begann schon früh idealistisches Denken aufzugeben und sich naturalistischen Deutungen zuzuwenden. Dabei wollte er nicht auf der Ebene des philosophischen Argumentierens Fragen erörtern, sondern, was nach seinem Verständnis hinter dem Denken steckt, ans Tageslicht bringen und widerlegen. Er war von vorneherein überzeugt, dass Triebe, Wünsche, Gefühle unserem Denken zugrunde liegen, und die wollte er bloßlegen. Nach seinen Worten wollte er eine „Chemie der Begriffe" vornehmen.

In dieser Linie in Bezug auf den Gottesglauben schrieb er: „Ehemals suchte man zu beweisen, dass es keinen Gott gebe – heute zeigt man, wie der Glaube, dass es einen Gott gebe, entstehen konnte. Dadurch wird ein Gegenbeweis, dass es keinen Gott gebe, überflüssig". Verstößt hier Nietzsche gegen die Logik, aus einem Zufall, aus etwas Geschichtlichem, eine allgemeine Wahrheit, als die der Gottesglaube galt, abzuleiten? Ich meine nein! Zwischen einem allgemeinen seelischen Erleben und einem entsprechenden Gottesdenken besteht ein innerer Zusammenhang. Den gilt es zu bedenken, denn dieser kann innerlich oder erlebnismäßig sein. Bei Nietzsche wird das nicht ganz klar.

Interessant ist Nietzsches Kritik am metaphysischen Substanzdenken. Hier zeigt er sich als Philologe und kurz argumentierend als Philosoph. Deshalb schreibt er, wir nehmen an, dass einem denkenden Subjekt eine Substanz zugrunde liegt, vom Tun können wir dann auf den Täter schließen. Auf diese Weise spielt auch der sprachliche

Aufbau in der Bildung der Gottesvorstellung eine Rolle, denn alle Gottesaussagen, die ein Tun beinhalten, haben ein Subjekt, Gott. Deshalb folgert er, „ich fürchte, wir werden Gott nicht los, weil wir noch an die Grammatik glauben". Eine schwer zu erklärende Behauptung. Sie zeigt aber, wie tief Nietzsches theologisches Denken in der Sprache verwurzelt ist.

Nietzsches Kritik gegenüber der Metaphysik und dem ganzen abendländische Denken wird besonders deutlich, wenn er sagt, Plato sei das größte Unglück in der Geschichte. Ergänzend kommt noch hinzu, die christliche Nachfolge verdoppele noch die Welt, indem sie die platonischen Ideen zum Himmel und unsere Lebenswelt zu einer fragwürdigen Wirklichkeit machen. Angesichts dieser Verdoppelung beschimpft er die Transzendenz als „Hinterwelt", als Illusion, als menschliche Projektion, um aus den Aufgaben des Alltags zu flüchten.

Es gibt noch einen weiteren Grund, weshalb es zu dieser Hinterwelt kommt. Weil der Mensch sich für schlecht hält, schafft er die Idee des Guten, weil der lügt, die Idee des Wahren, weil er hässlich ist, die Idee des Schönen. Im Aufzeigen des Doppelgesichtigen im Menschlichen sagt Nietzsche weiter, "wo ihr ideale Dinge seht, sehe ich Menschliches, auch nur allzu Menschliches". Mit der Beziehung zu Gott ist es somit vorbei.

Wie es in unserer abendländischen Kulturgeschichte dazu kommen konnte, ist die Frage. Denn zumindest in der 3000jährigen Geschichte, wenn nicht noch länger, war der Transzendenzbezug eine mit viel Geist eröffnete Aussicht, die dem Leben Halt und ein Ziel gab. Anders gesagt: Von Plato bis Hegel war die Gottesfrage eindeutig im Mittelpunkt, um so die Wirklichkeit zu bedenken. Wenn Erfahrung etwas gilt, dann sollte man auch das bedenken und nicht spätere Erkenntniseinstellungen verabsolutieren.

Stattdessen lässt Nietzsche in der „Fröhlichen Wissenschaft" den „Tollen Menschen" wie ein Marktschreier verkünden:

„Gott ist tot". Statt einer Begründung, was für einen Philosophen angebracht wäre, nur ein Bekenntnis in einer Menge Menschen auf dem Marktplatz, die das nicht zu interessieren scheint, da der Gottesglaube für sie nichts mehr bedeutet. Deshalb deren lächerliche Frage, ob Gott ausgewandert sei. Diese Parabel ist philosophisch zu bedenken, was Nietzsche nicht tut. Stattdessen verkündet er einen Weltzusammenbruch, wenn der Gottesglaube stirbt, was sich offensichtlich nicht bewahrheitet.

Mit dem Tod Gottes tritt eine Wende in der Weltgeschichte ein, so meint es Nietzsche. Aber dieser Aufweis geschieht wieder nicht philosophisch, d.h. begründend, sondern in Form von Dichtung. Denen das weltgeschichtliche Ereignis vom Tode Gottes verkündet wird, sind keine Theologen oder Philosophen. Es sind einfach Bürger, die ganz selbstverständlich nicht an Gott glauben, denen ihr Atheismus auch nicht wehtut und die deshalb lächerliche Ausreden erfinden, wohin Gott gegangen sein könnte. Der tolle Mensch, durch den Nietzsche spricht, gibt selbst die Antwort. Wir alle haben ihn getötet. Worin die Tötung besteht, wird wieder nicht gesagt. Stattdessen bricht nach Nietzsche die ganze Weltordnung zusammen, denn sie war auf den Gottesglauben gebaut.

Wohl kann man nach Nietzsche Gott die Existenz nicht absprechen und so tun, als wäre nichts geschehen. Mit dem Tod Gottes wird die Natur anders. Die Ordnung in ihrer Zweckhaftigkeit und Zielgerichtetheit, die Vernünftigkeit, die Ethik, die entscheidet zwischen Gut und Böse, auch die Fähigkeit zu unterscheiden zwischen wahr und falsch, alles wird hinfällig. Und da er die Seinswirklichkeit vom Gewordensein her versteht, ist am Anfang nicht Gott, sondern „Im Anfang war der Unsinn". Die Folge ist der Nihilismus. Unter Hinweis auf Plato, die Bibel und die Tradition ist der Nihilismus verursacht durch die Zerstörung des metaphysischen Weltbildes, durch Zerstörung des Glaubens an ewige Wahrheiten. Anders gesagt, der Nihilismus entsteht, wenn man die Wirklichkeit versteht als Glauben an die Einheit, Wahrheit, Zweckmäßigkeit, die es nicht gibt. Diese Erfahrung kann den Lebenswillen lähmen. Wahrscheinlich macht das auch das Wesen der Dekadenz aus. Die Zeit des 18. und 19. Jahrhunderts als Niedergang zu sehen, war eine Weise, die bei den Zeitgenossen und danach verbreitet war. Denn der Gedanke der Dekadenz beherrschte noch lange das Denken. Das bezeugt O. Spengler mit seinem sehr bekannten Buch „Der Untergang des Abendlandes".

Nietzsche folgert aus Nihilismus und Dekadenz, daraus kann der Wunsch oder das Bedürfnis nach einem metaphysisch-religiösen Glauben entstehen. Deshalb sah er seine Aufgabe darin, den Nihilismus persönlich und gesellschaftlich zu überwinden und sprach von der „Wende der Not".

Wenn Gott tot ist, dann auch das Gottvertrauen, dann kann auch die Welt nicht so bleiben, wie sie ist, bzw. sie ist auch nicht mehr so, wie sie einmal war, alles ist in der Veränderung, in der Krise. Also braucht das Wollen ein neues Ziel. Dieses ist die Idee des Übermenschen. Nietzsche wörtlich: „Der Übermensch ist der Sinn der Erde ... ". Und dieser Übermensch soll gezüchtet werden, indem der Mensch die Rolle des wertsetzenden Gottes übernimmt.

In derselben Richtung dieser neuen Moral liegt die Schrift „Wille zur Macht". Nietzsche recht selbstbewusst phantastisch: "Wir Philosophen und freien Geister fühlen uns bei der Nachricht, dass der alte Gott tot ist, wie von einer neuen Morgenröte angestrahlt, unser Herz strömt über von Dankbarkeit, Erstaunen, Ahnung, Erwartung – endlich erscheint uns der Horizont frei, gesetzt selbst, dass er nicht hell ist, endlich dürfen unser Schiffe wieder auslaufen, auf jede Gefahr hin auslaufen, jedes Wagnis des Erkennenden ist wieder erlaubt, das Meer liegt wieder offen da, vielleicht gab es noch niemals ein so offenes Meer". Das ist die weite, offene Welt des Übermenschen. Dieser Mensch ist frei, weil

Gott tot ist oder umgekehrt.

Vergleichbares hat Nietzsche beschrieben in „Warum ich ein Schicksal bin". Dort heißt es unter anderem: „… es wird sich einmal an meinem Namen die Erinnerung an etwas Ungeheures anknüpfen, - an die Krisis, wie es keine auf Erden gab, an die tiefste Gewissenscollision, an eine Entscheidung heraufbeschweren gegen Alles, was bis dahin geglaubt, gefordert, geheiligt worden war. Ich bin kein Mensch, ich bin Dynamit. -"

Dass man die Jahre um 1900 als eine Wende der gesamten Geschichte, im Großen wie im Kleinen, in allen Teilen des Lebens, auch der Religion und vor allem des Gottesglaubens, einschließlich der Vorgeschichte begreifen kann, vielleicht sogar muss, sehe ich als wenig umstritten. Nach den bisherigen Erläuterungen dürfte es einleuchtend sein, dass der Gottesgedanke bei Nietzsche eine zentrale, vielleicht sogar die zentrale Rolle spielt. Nach Hegel hat die Philosophie die Zeit auf den Begriff oder Nenner zu bringen. So kann eine Philosophie von daher erklären, was eine Zeit wesentlich bestimmt. Nietzsche selbst spricht von einer Krise. Sie ist ein Wandlungsprozess. Was hat sich in dieser Zeit verändert? Das Verhältnis der Kulturfaktoren zueinander zeigt diesen Wandlungsprozess sehr deutlich.

Die bis zum Beginn der Neuzeit hierarchisch gegliederte Universalvorstellung Gott-Welt-Mensch (man achte auf die Reihenfolge) wurde von dem Schema Gott-Mensch-Welt abgelöst, wobei der Mensch die zentrale Rolle spielt, und das im Verhältnis zu Gott wie auch zur Welt. Nach diesem Interpretationsschema hat sich die Welt fundamental geändert. Gott wird vom Menschen her vorgestellt, fast möchte man sagen, entworfen und ähnlich auch geglaubt, und die Welt wird vom Menschen wie ein Besitztum (Descartes: der Mensch ist Besitzer der Welt) beherrscht. Die Welt wird zu einem allein vom Menschen gemachten Lebensraum.

Die Frage ist, wie hat sich z.Zt. Nietzsches der Mensch i.a.

gesehen? Um ihn hier ein wenig besser zu begreifen, sind seine kurzen Aussagen vom gesellschaftlichen und kulturellen Hintergrund her zu sehen. Leben bekam über das Biologische hinaus eine neue Bedeutung. Über das bloße Lebendig-Sein hinaus beinhaltet jetzt dieser Begriff Seele, Geist, Kreativität. So bedeutet Leben gestalten, erfinden, die Fähigkeit zu unendlich vielen Möglichkeiten, sodass man kein Jenseits mehr braucht. Die Jugendbewegung hatte Leben als Losungswort, wie auch die Reformpädagogik der Zeit von diesem Lebensbegriff geprägt war.

Zarathustras Aufruf "Bleibet der Erde treu" passt gut in diese Zeit mit ihrer Lebensbejahung und Aufbruchsstimmung. Waren die Zeiten davor steif und ihre Gewohnheiten zu bekämpfen, so ist das Leben jetzt ein Aufbruch in eine neue Zeit, in der das Leben l e b e n soll. Deshalb philosophiert man nicht über das Leben, sondern es ist das Leben selbst, das philosophiert. So wird die Philosophie ein Organ des Lebens. Die Philosophie will nicht herausfinden, was gilt, sie will neue Werte schaffen. Deshalb wird die schöpferische Intelligenz auch so betont. Leben ist folglich lebendiger Geist.

Nietzsche ist hier mit anderen Ursprung und vor allem Spiegel dieser Gesellschaft. Man konnte Nietzsche lesen oder auch nicht, um sich als ein Jünger dieser Gesellschaft zu begreifen, wobei das Trieb- und Rauschhafte als das Dionysische interpretiert wurde. Vergessen wir nicht, das 19. Jahrhundert lebte in einer Aufbruchsstimmung als Fortführung des Fortschritts aus dem 18. Jahrhundert. So ist es verständlich, dass Nietzsche schöpferische Potenz und Wille zur Macht gleichgesetzt hat. Auf diese Weise kann auch das gleichzeitige Bewusstsein vom Niedergang überwunden werden.

Damit steht das Bewusstsein im Dienst des Lebens als ihr Organ. Glück und Unglück sind Schicksale des Lebens, die das Leben sich selbst bereitet. Aber der Lebensprozess ist nicht bewusstlos, sondern bewusster Wille, also Freiheit.

Dieser Wille ist zu sehen wie die Freiheit des Künstlers, weshalb Nietzsche sagt: „Ich will der Dichter meines Lebens sein". Und das will er ganz sein. Deshalb sagt Zarathustra: "Die Macht des Schöpferischen: was gut und böse ist, das weiß noch niemand – es sei denn der Schaffende! - Das aber ist der, welcher des Menschen Ziel schafft und der Erde ihren Sinn gibt und ihre Zukunft: Dies erst schafft es, dass etwas gut und böse ist". Entscheidend ist damit das Schöpferische, das uns begegnet im Geschaffenen. Das erinnert an Goethe, der Faust im Johannesprolog sagen lässt, statt „am Anfang war das Wort", „am Anfang war die Tat". Der Mensch wird von seinem Tun her verstanden. So sieht sich der neuzeitliche, vor allem der moderne Mensch. Der volle Terminkalender sei als simples Beispiel erwähnt.

Das gelingende Leben ist das Lebensziel für alle schlechthin. Ob das schon immer so war, ist eine interessante Frage. Ich beantworte sie mit nein. Für die Neuzeit ist sie ganz allgemein mit ja zu beantworten. Im 19. Jahrhundert kommt ergänzend hinzu die Sinnfrage als Folge der Zerstörung des Glaubens an ewige Wahrheiten und Werte. Diese Zerstörung führte zum Nihilismus.

Was hier so katastrophal, weltzerstörerisch klingt, dürfte in abgemilderter Form, lautlos, weithin das individuelle wie soziale Leben heute wie schon jahrzehntelang bestimmen. Wieso, ist die Frage.

Zunächst kann man feststellen, die meisten Menschen leben so, wie es sich für ihr Leben ergeben hat. Oft gibt es keine großen Wahlmöglichkeiten. So macht man aus den sich mehr oder weniger zwangsläufig bietenden Tatsachen das Beste und ist so einigermaßen zufrieden. Das dürfte nicht selten der Fall sein; so auch oberflächlich betrachtet und keineswegs wertend, was für die weitere Erörterung ebenfalls gilt, vor allem in der handwerklichen aber auch zu einem bedeutenden Teil in der technischen Berufswelt. Die Ergebnisse der Arbeit, die sich in Kosten und Löhnen niederschlagen, man denke an die

Tarifauseinandersetzungen, beherrschen gerade das Denken, wobei die Hauptsache ist, man behält die Arbeit und bleibt gesund. Dabei ist die wissenschaftlich-technische Welt dazu noch bestimmt von der Suche nach Neuheiten. Konkurrenz und Politik erlauben wenig Ruhepausen, man denkt ja schließlich an die Zukunft, von der alles abhängt. Ja nicht den Anschluss verpassen.

Der Konkurrenzdruck ist stark. Denken wir heute an die Digitalisierung: Früher waren es neue Maschinen, von denen man meinte, ohne sie hat man verloren. Die noch erwägenswerten Einzelheiten unseres Lebens, wie sie seit 2 bis 3 Jahrhunderten geworden sind, sind in der entsprechenden soziologischen Literatur nachzulesen. Ich möchte sagen, unsere Lebenswelt ist an Reichhaltigkeit kaum zu überbieten. Es ist wie ein Zimmer, in das man nicht mehr eintreten kann, weil es voll ist mit Möbeln und Kisten.

Anders gesagt: Das Leben mit seiner Vielfalt an Aufgaben, Sorgen und Vergnügungen frisst das Denken über das Denken fast auf. Dann stellt sich die Frage nach dem Sinn des Lebens nur am Rande, d.h. nicht täglich, vielleicht bei Lebensübergängen oder Ausgängen, wenn es um den Tod und das Sterben geht. Ist dann alles aus, oder ist dann bei allen Besorgungen noch eine Antwort auf die Sinnfrage möglich?

Die trotzige Lebensbejahung Nietzsches, die eine solch bis zum Letzten reichhaltige Welt kritiklos bejahen müsste, überzeugt nicht. An ihrem Ende ist schließlich nichts.

Gewiss gibt es im jetzigen Leben Sinn, den es verschieden zu sehen gilt. Ob es noch einen weiteren Sinn gibt, weiß man nicht, denn niemand kann diesen beweisen, so wenig wie das Nichts. Aber vielleicht gibt es vernünftige Hinweise für die Dimension des Transzendenten, das nicht feststellbar, nur denkbar ist. Auch grundsätzliche Fragen des Lebens, z.B. der Ethik, sind nicht beweisbar, aber vernünftig, weshalb diejenigen, die die Menschenrechte bekämpfen, als kulturlos gelten.

Die Neuzeit leidet an einer Blickverengung durch die einseitige Sicht auf den Menschen, der als Mittelpunkt irgendwie das Eigentliche oder fast Ganze sein soll. Kulturgeschichtlich gesehen besteht das Ganze aus den drei Faktoren Gott-Welt-Mensch. Und statt dieser Sicht auf die Wirklichkeit wird dann nur noch der Mensch und seine Welt gesehen.

Das 19. Jahrhundert und seine Folgen

Das 19. Jahrhundert hat unsere Zeit eingeleitet und bis auf den heutigen Tag geprägt. Politisch und gesellschaftlich spielen Nationalismus, Industrialisierung, Kapitalismus und Marxismus eine große Rolle. Auf dem Gebiet von Staat und Religion sei erinnert an Erscheinungen wie Säkularisation und gesellschaftlich an religiösen Pluralismus, Modernismus und Atheismus. Die Verwissenschaftlichung vieler Lebensbereiche hat bis in unsere Tage nachhaltig gewirkt.

Wie schon zuvor dargelegt, ist diese Welt vielfältiger, reicher und auch für viele angenehmer geworden. Eine Folge ist aber die Tatsache, dass in der interessanten Vielfalt die Grundüberzeugungen über die Einschätzung des Lebens, sprich Weltanschauungen, vielfältiger geworden sind. Die Folge des Ganzen ist, Glaubensüberzeugen mit den Religionen geraten ins Abseits und werden zu fragwürdigen Objekten.

Hier einfach eine Wende zu planen, um sie herbeizuführen, ist billig. Sich mit existenziellen Fragen und Lebensschwierigkeiten unserer Gesellschaft zu identifizieren, um Antworten zu finden, darum geht es. So stellt sich für den „säkularisierten" Zeitgenossen die Sinnfrage, die aktuell wird an „Weggabelungen" des Lebens. Die traditionell kirchliche Abgehobenheit, die man meines Wissens im 19. Jahrhundert restaurierte, muss dem weltlichen Glaubensdenken Platz machen. Religion gewinnt dann Bedeutung, wenn sie das Leben der Menschen aktiv deutet; allerdings ist die Rückgewinnung dieser Funktion wie alle Entwicklungen kultureller Prozesse langzeitig. Wichtig ist auch in diesem Zusammenhang, dass Geschehnisse der Religion, gemeint sind Bräuche wie Taufen, Totenfeiern oder Beerdigungen, Hochzeiten und sonstige Gedenkfeiern zu Erlebnissen mit einer gewissen Nachhaltigkeit werden, von denen man später gerne noch spricht, weil sie unausgesprochen Lebenssinn vermittelt haben.

Vorblick und Rückblick

Die Neuzeit hat unsere Lebenswelt so gestaltet, dass sie immer mehr nur aus sich und nicht auch hintergründig von überweltlichen Mächten oder von Gott her begriffen wird. Somit hat sie sich immer mehr verselbständigt. Die Reformation und die Aufklärung kann man als Bewusstwerdungsprozesse sehen. Einmal entstand ein neues Glaubens- und Kirchenbewusstsein, und dann ein neues Kultur- und Politikverständnis eines selbständigen, weil mündigen Bürgers.

Natur- und technische Wissenschaften haben das Weltbild grundlegend verändert. Das antik-mittelalterliche Weltverständnis wurde durch Kopernikus, Galilei und Bruno von einem völlig neuen abgelöst.

Die Industrialisierung hat die Sozialverhältnisse revolutioniert. Dieser Prozess kann auch heute noch nicht als abgeschlossen gelten. Was bereits im 18. und vor allem im 19. Jahrhundert begann, bestimmt auch noch die Geschichte der Gegenwart, so dass man mit Recht von einer grundlegenden Krise sprechen kann, einer Zeit des Noch-Nicht und Nicht-Mehr.

Da von dieser Entwicklung und Krise alle Lebensbereiche betroffen sind, befindet sich unsere ganze Kultur mit ihren Weltanschauungs- und Religionserscheinungen ebenfalls in einem Veränderungsprozess, der typisch ist für die Moderne, die Zeit des 19. und 20. Jahrhunderts. Das Denken dieser Zeit wird eingeleitet von Feuerbach, sozialökonomisch weitergeführt von Marx und psychologisch von Freud. In Nietzsche erreicht Feuerbachs Wunschvorstellung einen Höhepunkt mit der Behauptung: Gott ist tot. In der bisherigen Kulturgeschichte war bis zum Idealismus, einschließlich Hegel, Gott oder die Transzendenz selbstverständlicher Ausgangs-und Mittelpunkt des Denkens. Nun wird Gott zu einer Wunschvorstellung, einer nicht einsichtigen, weil überholten Weltdeutung, von der man aufgrund wissenschaftlich einsichtiger Erklärungen sagen kann, dieser bisher geglaubte Gott ist tot. Wissenschaft und Erfahrung sind eben überzeugender. Wieso?

Wissenschaft und Erfahrung erklären unmittelbare und mittelbare Zusammenhänge nach dem Schema von Ursache und Wirkung. Ob im alltäglichen Leben, in der Technik oder in der Wissenschaft, es geht vielfach um nichts anders als darum, wodurch ist etwas entstanden, oder, was muss ich machen, um etwas Bestimmtes zu erreichen. Diese Erfahrung wird zu Gewohnheit und damit zur Einstellung schlechthin. So glaubt man Einsicht zu schaffen. In dieser Einstellung aber liegt das Problem. Gewiss hat auch die Einstellung einen Effekt und passt in das Ursache-Wirkung-Verhältnis. Aber die Einstellung in sich betrachtet ist eine Gegebenheit, die auch in sich zu bedenken ist, da sie den Menschen in seiner ganzen Haltung betrifft; er ist ja schließlich nicht einfach ein Organismus oder Mittel um Zweck. Wie wir uns im Leben als dieser bestimmte Mensch, als unverwechselbare Person sehen und unser Leben begreifen, ist entscheidend. Das Selbstbewusstsein ist geprägt von einem Lebensverständnis, das sich in einem grundsätzlichen Weltbezug und über diesen reflektierend begreift.

Den Menschen und sein Lebensverständnis so im Gegenüber oder als notwendige Lebens-Ergänzung zu sehen, dürfte dem heutigen Menschenverständnis angemessen sein. Dieses Existenzverständnis ist in der Einheit mit der Welt und Gott zu begreifen. Da die Welt durch die Wissenschaften dominant und der Mensch im Mittelpunkt erscheinen, muss Gott nicht für bedeutungslos und tot gelten, wie man im 19. Jahrhundert meinte. Wohl verschaffte sich der Mensch einen neuen Handlungsspielraum, aber das Göttliche als das die Gesamtwirklichkeit Umfassende, die alles umgreifende letzte Seinsmacht blieb bis zur Moderne das dem Denken Sinngebende, auch im Denken Bergende. Hier ist die Frage zu stellen, hält der Mensch es gedanklich in der geistigen Einsamkeit überhaupt aus? Ich habe Zweifel, die ich nicht beseitigen kann.

Die heutige, von der Wissenschaft eröffnete Welt, soll das Ganze sein. Von der Geschichte her ist das wenig einleuchtend. Zudem ist nicht zu erkennen, wie aus ihr Zukunft werden oder entstehen soll. Einfach zu sagen, es war schon immer so, ist wenig überlegt.

Gehe ich von der Moderne aus, dann ist die unendlich scheinende endliche Welt das Ganze. Gehe ich vom tradierten Ganzen aus, dann ist die alles umfassende Transzendenz, bildlich gesprochen, der letzte Angelpunkt. Diese Sicht war für das existenzielle Daseinsverständnis lebensbedeutsam. Jahrhunderte haben in diesem Bewusstsein der grundsätzlichen Einheit mit der göttlichen Transzendenz individuell wie kollektiv das Leben gemeistert oder gestaltet. In dieser Einheit der Faktoren ist auch ein Ziel möglich. Dass das Leben in sich ein Ziel hat und deshalb nichts Darüberhinausweisendes nötig ist, wird in großen Krisen, wie es scheint, widerlegt. So am Ende des Dritten Reiches, an dem es allerdings auch Verzweiflungsszenen gab.

Der Gott der Zukunft

War das antik-mittelalterliche Weltbild bestimmt vom Bleibenden, das aus der irgendwie gedachten Vergangenheit (vgl. Schöpfungserzählungen) herrührt, und das man metaphysisch begriff, so die Moderne vom Zufälligen, das man geschichtlich sieht, man kann auch sagen, vom Werden bestimmt. So ist Sein nicht das immer Bleibende und damit auch Gültige, sondern das immer Werdende, da die Wirklichkeit immer wirkt und so wird, was sie ist.

In früheren Zeiten sah man alles Geschehen zwar in gewissen Veränderungen, aber dennoch relativ stabil. Alles Pflanzliche brachte immer wieder auch Neuheiten hervor, aber es blieb bei denselben Arten oder Sorten. Im Wald blieben Tannen und Buchen. Aus dem Weizenkorn wuchs Weizen und aus dem Salatsamen Salat. Da man heute vom Erdaufbau mehr weiß als früher, erfährt man durch die Bewegungen der Erdplatten von globalen Veränderungsprozessen. Man denke an die Auseinanderbewegung von Afrika und Südamerika. Der explosionsartige Zustand des „unendlichen" Kosmos ist ein weiteres Indiz, die Welt als Geschehen zu begreifen. Dennoch sind weder die biologischen noch die kosmischen Veränderungen etwas grundsätzlich Neues. Nicht wenige scheinen zu meinen, wenn die Welt so bleibt, wie sie angeblich ist, nur ist sie nicht so, dann gibt es Sicherheit. Hier sind Überlegungen zu dem, was konservativ ist, angebracht. Halten wir fest: Das geschilderte biologische Lebensgeschehen und die kosmischen Neuheiten sind nichts grundsätzlich Neues.

Aber unsere heutige Welt wäre nicht, vor allem nicht so, wie sie ist, wenn es nicht auch versuchte und gelungene absolute Sprünge gäbe, wenn nicht auch vollkommen Neues entstanden wäre, das nicht aus dem Vorherigen zu erklären ist; dann wäre die Welt eine andere. Aber aus der sogenannten toten Materie ist pflanzliches Leben entstanden. Aus dem Pflanzlichen entstand das Animalische, und daraus das Geistig-Seelische. Verstand und Wille mit dem Verhalten nach Gut und Böse sind nicht aus dem Animalischen zu folgern. Also gibt es Neuheiten, die aus der Ausgangsstufe nicht erklärbar sind. Ohne Neuheiten, die nicht nur das Bekannte weitergeben, sondern noch nie Dagewesenes, ist die Welt nicht zu beschreiben. Auf jeden Fall wäre sie ärmer, und den Menschen würde es auch nicht geben. Diese Wunschvorstellung war auch schon zu lesen. Die aus dem Vorhergehenden nicht erklärbaren Neuheiten nennt man Emergenzen. Sie sollen ein Hinweis sein auf die Möglichkeit von total absoluten Wandlungen durch die Transzendenz. Wenn es relativ absolute Wandlungen (Emergenzen) in unserer immanenten Wirklichkeit gibt, dann kann es doch vielleicht auch solche der totalen Absolutheit geben. Emergenzen kennzeichnen die Wirklichkeit in ihren Möglichkeiten. Es gibt relative Emergenzen, weshalb kann es nicht auch absolute als eine nicht unvernünftige Annahme geben, zumal wir die ganze Wirklichkeit auch nur ausschnittweise kennen.

So sollen die Emergenzen uns aufmerksam machen, dass mit dem Tod nicht alles aus sein muss, wenn wir auch verständlicher Weise nicht genau sagen können, was danach kommt. Mit dem Tod ist wohl das biologische Leben zu Ende, weshalb es keine Auferstehung der Toten gibt. Die Bibel spricht von der Auferstehung des Leibes. Leib ist der durch die Seele vergeistigte Körper. Das heißt, wir alle leben leiblich, d. h. ganzheitlich, nicht einfach körperlich oder geistig. Unser ganzes leiblich-seelisch gelebtes Leben hat einmal in der Geistigkeit Gottes sein Sein, ähnlich wie wir verstorbene Menschen gedanklich, phantasiemäßig geistig in ihrer Leiblichkeit uns vergegenwärtigen. Die leibliche Auferstehung ist gleichsam, aber nicht nur, ein Bild für unser gelebtes Leben, das in Gott eine geistige Heimat findet. Das ganze Leben gewinnt dann Bedeutung über den Tod hinaus, aber nur durch und in Gott. So können wir Gott als die Bedeutung für unser Leben verstehen. Was wir hinlänglich erörtert und uns immer wieder vergegenwärtigt haben, ist: Der Mensch und seine Lebenswelt sind von Anfang an kein fertiger Zustand. Alles ist geworden und wird immer noch. Dieses Werden gilt im Mikrokosmischen (atomarer Bereich), im Messokosmischen (in unserer alltäglichen Welt) und im Makrokosmischen (Erde, Planeten). Ein Ziel kann wohl angenommen, aber nicht bewiesen werden, denn was in der Zukunft eintrifft, wissen wir nie. Wichtig ist dennoch die Hoffnung als Lebenseinstellung für Zwischenziele wie auch für das Ganze des Lebens, das schließlich eine entscheidende Bedeutung gewinnt, zu haben. Nach meinem Verständnis ist die Hoffnung die letztlich entscheidende Haltung, denn da geht es immer um das Ganze, relativ wie vor allem absolut.

Bedenkt man die Entwicklung des Menschen in der Epoche der Jäger und Sammler, dazu im Übergang zur agrarischen Zeit, so stellt man fest, dass die Entwicklungen mit ihren Herausforderungen eigentlich nur möglich waren in der Haltung einer optimistischen und zukunftsorientierten Sicht. Sicher gilt das ganz allgemein, denn das Leben besteht aus Aufgaben, die Zukunft ermöglichen. So ist die Geschichte von ihrer Aufgabenstellung und jeweiligen Erfüllung her gesehen, nicht uninteressant, denn die seinsmäßige Verfassung unserer kleinen und großen Welt wie auch unser Handeln sind zukunfts- und zielgerichtet und fordern uns heraus. Der Optimismus passt dann gut in das Ganze. Gewiss kann man sich dann fragen, ob Pessimismus nicht ganz allgemein eine Dekadenzerscheinung ist? Wie ein Gottesglaube und Pessimismus zueinander stehen, beurteilt meiner Meinung nach die Bibel eindeutig, sonst gäbe es als Mittelpunkt der Schrift nicht die Frohe Botschaft. Pessimismus und die Frohe Botschaft sind zwei sich gegenseitig ausschließende Welten.

Die wie auch immer gestellte Frage nach dem Grund des Ganzen wird bleiben. Die Antwort heißt: Gott oder Nichts! Wir nennen Gott Vater, Güte, Liebe, im „Vater unser" eine Person. Gott als Person zu sehen, ist heute ein Problem. Die Frage ist, bezeichnen diese personalen Aussagen auch eine Wirklichkeit? Wir Menschen sehen aus der Erfahrung das Geistige personal. So hat auch schon die Antike Gott als geistige Substanz, als geistig für sich seiend, gesehen. Von diesen Überlegungen her ist es verständlich, Gott personal zu sehen. Wir sind nun einmal an unsere Erfahrungswelt gebunden, was auch für das Geistige gilt. Und so treffen unsere abstrakten Gottesbezeichnungen zwar Gott als seiend, aber in seinem Was-Sein nur bedingt; für uns lebensnah mit menschlichen Vorstellungen und Worten stellen wir uns Gott personal vor. Geistig ist er ein Du und somit geistig wirklich. Die Geistigkeit ist nur personal vorstellbar.

Über Gott, Jahwe und Allah wird den Menschen innerlich berührende Aussage gemacht. Er ist Vater, gütig, verzeihend, er begleitet Menschen in ihrem Schicksal. In seinem Angesicht glauben viele Menschen zu leben. Die Aussagen über die erste oder letzte Wirklichkeit des Glaubens sind sogar austauschbar, wie nicht wenige Religionsvertreter sagen, denn im Grunde würden alle an denselben Gott glauben. Dem kann man nur schwerlich widersprechen. Wenn das letztlich Entscheidende wirklich ist, treffen dann die Aussagen auch diese transzendente Wirklichkeit? Nicht gibt es Gott? Es gibt nur Dinge. Richtiger gefragt: Ist Gott? Wohl ist er nicht zu beweisen. Die ganze Religionsgeschichte, die auf Gott hin denkt, denkt von innerweltlichen Erfahrungen aus.

Die Frage Theismus (Gottesglaube) und Atheismus (Gottesablehnung) ist zunächst im Rahmen der drei kulturbildenden Faktoren zu beantworten. Ist das Ganze eine Einheit von Gott, Welt und Mensch, dann ist der Gottesglaube wegen der Überordnung zentral, und die elementaren Lebensfragen nach Zukunft, Sinn und Geborgenheit haben eine Antwort, mit der man vernünftig leben kann. Die Abschaffung des Kulturfaktors Gott verkürzt das Ganze, von dem man nur die Immanenz rettet und sie für das Ganze erklärt.

Die Naturwissenschaft braucht von ihrer Methode aus gesehen weder eine Religion noch einen Gott, aber der Mensch. Um des Menschen willen reden wir von Gott. Gerade im Hinblick auf eine letzte Sinndeutung ist eine Erwartung, die über den Tod hinaus nicht geht, nicht unvernünftig, wohl fragwürdig, d.h. der Frage würdig. Was da wirklichkeitsfern ist, weiß ich nicht. Die Erwartung entspricht menschlichem Sein, das nach dem Religionsphilosophen Paul Tillich wie eine offene Frage ist. Das Leben im Hinblick auf Gott ist sinnvoller als das Gegenteil. Wenn es schon in kurzen Zeitabschnitten sinnvoll sein soll, weshalb dann nicht das ganze Leben. Gott ist dann der allerletzte Sinn, von dem her manch offene Fragen nach Einzelheiten des Lebens vielleicht beantwortbar sind.

Da das Leben ein Werdeprozess ist, kann die Sinnbestimmung relativ wie absolut zukünftig sein. Die Frage für jetzt aber ist, wie wirkt sich das absolut Zukünftige schon in der Gegenwart aus? Dass wir diese absolute Zukunft nicht kennen, gilt auch für die Prognosen im jetzigen Leben. Ich darf im glaubenden Bewusstsein sagen, alles im Leben hat eine Bedeutung, wenn ich sie jetzt auch nicht erkennen kann. Die Bedeutung ist absolut zukünftig. Anders ist sie nicht zu haben. Gewiss spielte in der alten Welt der Schöpfungsglaube eine bedeutende Rolle. Er war aber nur der Ausgangspunkt für den Blick auf das Kommende. So bei den Propheten, bei Jesus, auch bei Paulus, wenn auch bei ihm ganz anders, und sogar im Mittelalter, wie die Gerichtsszenen an den Kirchenportalen es zeitbedingt zeigen. Sie alle blicken von der relativen Zukunft in die absolute. Die Denker, deren tiefsinniges Bohren auch heute noch Vorbild ist, lebten nicht anders.

Nach dem Mathematiker und Philosophen Blaise Pascal kann die Vernunft nicht bestimmen, ob Gott ist oder nicht. Nach ihm ist der Glaube eine Entscheidung des Willens. Man verliert nichts, wenn man an Gott glaubt, und er ist nicht. Glaubt man nicht und er ist, dann verliert man alles. Diese Glaubensentscheidung ist nach meiner Sicht typisch neuzeitlich. Es kommt auf den Willen und die Tat an. Das mag manchen überzeugen, mich nicht, denn der Glaube entsteht aus einer innerlich bewegenden Welterfahrung. Ich rede nicht von einer anerzogenen Nachahmung Er ist nicht einfach eine Willensentscheidung. Dieses Gott-Denken erwächst möglicherweise aus der Erfahrung einer Ganzheit, die ein Naturerlebnis sein kann. Dieses Ganze wurde in der bisherigen Religionsgeschichte mehr von seiner Begründung her erlebt. Deshalb stand der Schöpfungsglaube im Vordergrund. Heute denken wir mehr an das, was kommt, was vielleicht sogar immer beängstigender und fragwürdiger wird, wir denken mehr an und in die Zukunft. Über die Zukunft der Welt oder den Globus gibt es nur vage, aber interessante Spekulationen. Was uns mehr angeht, ist unser Leben, das gelingen soll. In Bezug auf das Gelingen gehen die Meinungen auseinander. Was das ganze Leben betrifft, dürfen wir vernünftigerweise annehmen, die Zukunft ist in Gott. Über Inhalte können wir, wie schon mehrfach dargelegt, verständlicherweise keine Aussagen machen. Die Hoffnung auf Gott mag genügen.

Nachwort

Durch die Philosophie gewinnt das abendländische Denken über Gott und die Religion einen eigenen Charakter. Es ist durchgängig rational bestimmt. Dieses Denken geht von einer allumfassenden Wirklichkeit, besser Ganzheit, aus;

diese beinhaltet Gott, die Welt und den Menschen. Mensch und Welt waren nach den Überlegungen der Tradition in Gott begründet. Von ihm ging die Entwicklung der Gesamtwirklichkeit aus. Deshalb wurde Gott vor allem zum Ausgang oder Grund des Ganzen erklärt.

Ein verbreitetes heutiges Weltbild sieht nicht mehr dieses Ganze; nur der wissenschaftlich erforschte Teil ist das All, wo Gott zwangsläufig keinen Platz mehr hat. Er ist höchstens noch eine erdachte Glaubensvorstellung, auf die zu verzichten ist.

In der Moderne, in der die Welt grundlegend in ihrem Werden gesehen wird, richtet sich der Blick in die Zukunft. So ist heute Gott einmal von der Herkunft her, aber vor allem auf Zukunft hin zu begreifen. Die Zukunft als Entwicklung zu sehen, ist für uns deshalb bedeutsam, weil unser Tun dann mit der werdenden Wirklichkeit wesensmäßig übereinstimmt. Die Wirklichkeit und unser Tun sind gleicherweise dynamisch. So ist das Ganze stimmig. Die Deutung unseres in dieser Ganzheit sich vollziehenden Lebens geschieht jetzt in einem offenen Blick auf Gott. So wird Gott für uns schlechthin die Zukunft

Da wir in der Neuzeit, besser gesagt, in der Moderne leben, haben wir entsprechend unserer heutigen Denkweise die Frage nach Gott von der Vernunft her anzugehen. Denn was für die Naturwissenschaft die Physik ist, das bedeutet die Philosophie für die Geisteswissenschaften wie auch für die Religion. Eine Behauptung, die der Physik widerspricht, ist abwegig, und was dem begründeten Denken widerspricht, ist Unsinn. Die Religion und der Glaube machen sich in einer dementsprechenden Lage lächerlich. Glaube braucht Vernunft, wie auch Vernunft Glaube voraussetzt; denn dass das, was man glaubt, gut und vernünftig ist, kann man nur glauben.

Die Philosophie kann zwar Gott nicht beweisen, wie mehrfach dargelegt, aber aufzeigen, was in vernünftiger

Weise geglaubt werden kann, sodass das Leben Sinn gewinnt. Und das ist letztendlich der offene Horizont zur Transzendenz, genannt Gott.

Über den Autor

Werner Wagner, geb. 1931, Studium der Philosophie und Theologie als Dominikaner auf der Hochschule in Walberberg bei Bonn von 1952 bis 1960. Abschluss: Lektoratsdissertation "Offenbarungstat Gottes und Glauben des Menschen nach Karl Barth". Anschließend intensives Privatstudium ev. Theologie und vor allem der Werke des Religionsphilosophen Paul Tillich. Bedingt durch dessen Einfluss und die Situation nach dem Zweiten Vatikanum erfolgte 1966 der Übertritt in die ev. Kirche. Zwischenzeitlich Studium der Geschichte mit Abschlussexamen in Freiburg im Breisgau. Nachträglich Examen in Philosophie an der Universität Stuttgart. Von 1968 bis 1995 Lehrer der ev. Theologie, Geschichte und Philosophie im gymnasialen Schuldienst.